LE LIVRE DE LA PROFESSION

LE DESSIN

POUR L'APPRENTI

CHAUDRONNIER, TÔLIER, FERBLANTIER PLOMBIER, ZINGUEUR

PAR

J. FOURQUET

Professeur de l'Enseignement Technique

QUATRIÈME ÉDITION

normalisée et augmentée de sujets proposés au C.A.P. et au B.E.I.

Reprint 2011

ÉDITIONS EYROLLES

61, Boulevard Saint-Germain, PARIS (V^e)

ÉDITIONS EYROLLES
61, bd Saint-Germain
75240 Paris Cedex 05
www.editions-eyrolles.com

Du même auteur :

Le Dessin pour l'apprenti forgeron, 1951 - reprint 2011
Le Dessin pour l'apprenti maçon et tailleur de pierre, 1951 - reprint 2011

Cet ouvrage est un reprint de l'ouvrage *Le Dessin pour l'apprenti chaudronnier, tôlier, ferblantier, plombier, zingueur, 4e édition normalisée et augmentée de sujets proposés au C.A.P. et au B.E.I. (Le Livre de la Profession)*, paru en 1949 aux Éditions Marc Eyrolles.

ISBN : 978-2-212-12903-8

UN MOT D'INTRODUCTION

Ce petit Manuel *ne doit pas être confondu avec un cours de dessin à l'usage d'élèves dessinateurs.*

Il s'agit ici d'éléments dont la connaissance est indispensable à l'ouvrier chaudronnier et non d'autre chose.

Apprendre à l'apprenti de cette profession et des professions similaires *les principes et les conventions sur lesquels reposent :*

les tracés et les épures,
l'exécution de croquis cotés,
la lecture de dessins établis en vue de l'exécution des ouvrages,

voilà le but très simple que l'auteur a visé.

L'accueil empressé qui a été fait aux précédentes éditions prouve qu'il a réussi à l'atteindre.

Cette nouvelle édition a été remaniée conformément aux décisions du Comité de Normalisation de la Mécanique, et augmentée de sujets proposés récemment aux Examens du C.A.P. et du B.E.I.

CONSEILS AUX APPRENTIS

Ne reproduisez jamais un dessin avant de l'avoir étudié et compris : la copie est un exercice inintelligent et sans profit.

Pour tirer tout le parti possible de ce petit manuel, observez les recommandations qui précèdent chaque chapitre et résolvez tous les exercices proposés qui le terminent.

Planche 1.

PERPENDICULAIRES

1° Au milieu

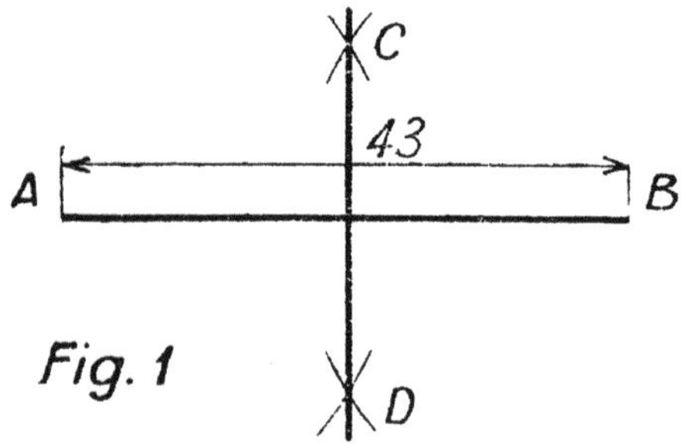

Fig. 1

2° En un point

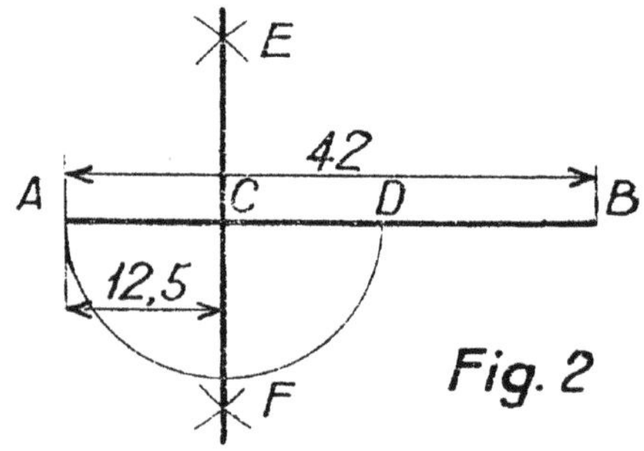

Fig. 2

3° D'un point extérieur

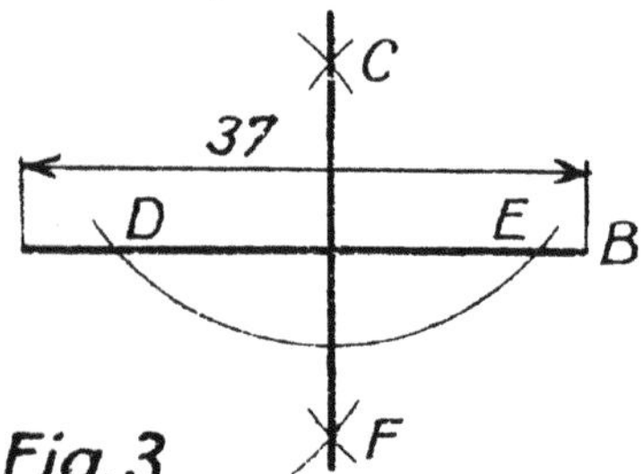

Fig. 3

4° A l'extrémité

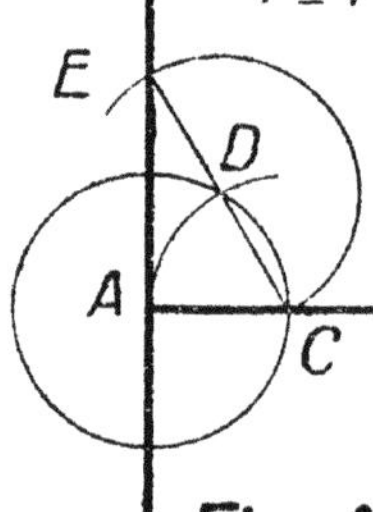

Fig. 4

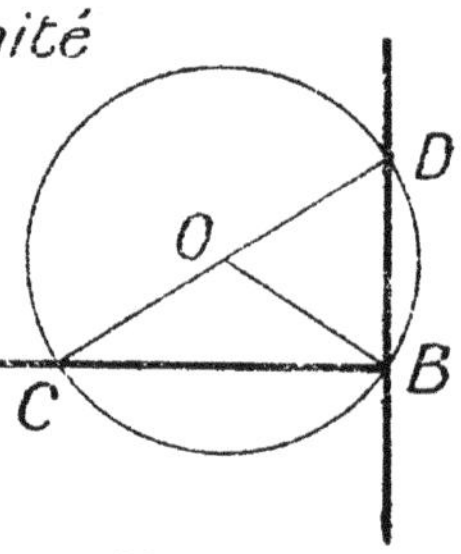

Fig. 5

PARALLELES

A une distance donnée
d: 12,5

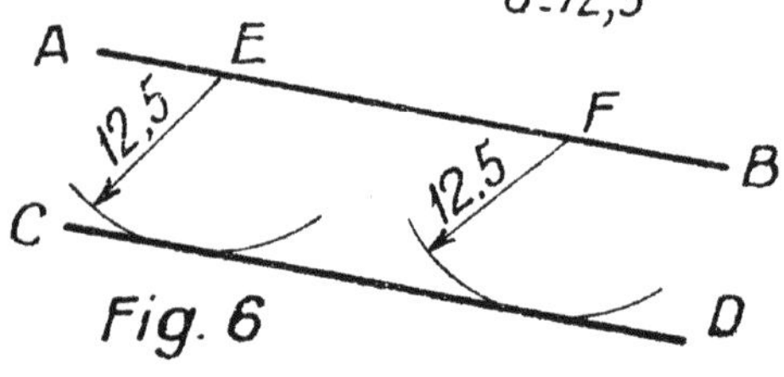

Fig. 6

Par un point donné
1° Au compas

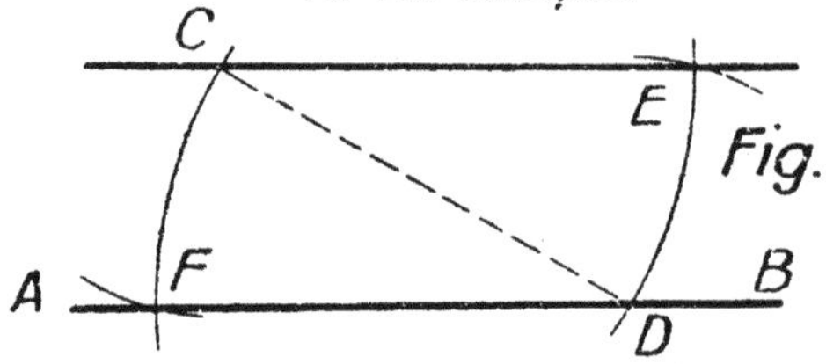

Fig. 7

2° A l'équerre

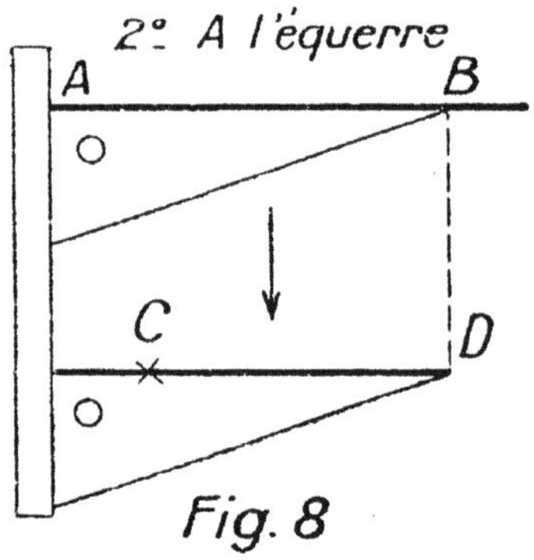

Fig. 8

Application : Construction d'un carré

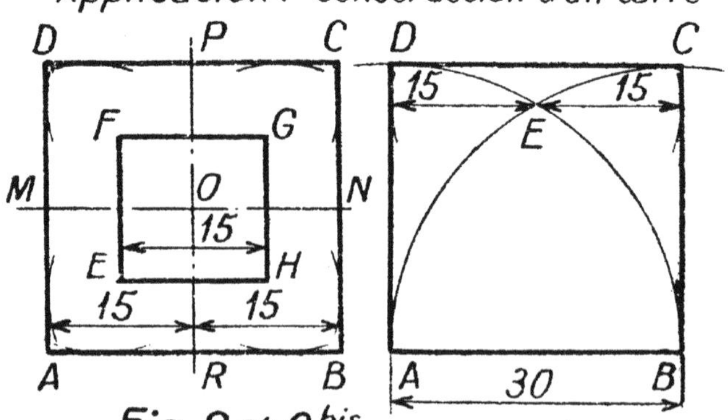

Fig. 9 et 9 bis

PREMIÈRE PARTIE

TRACÉS GÉOMÉTRIQUES ET APPLICATIONS

Après avoir été étudiées et comprises, les constructions de cette partie seront exécutées avec des dimensions différentes

---

PLANCHE I

PERPENDICULAIRES

1. **Perpendiculaire au milieu d'un segment de droite** (fig. 1). — 1° De chacun des points A et B comme centres, avec un rayon plus grand que la moitié de AB, décrire un arc de chaque côté de AB : les arcs ainsi tracés se coupent deux à deux aux points C et D ;

2° joindre ces deux points ; la droite CD est perpendiculaire au milieu de A B.

2. **Perpendiculaire en un point d'une droite** (fig. 2). — 1° Des deux côtés du point donné C, prendre deux longueurs égales A C et C D ; le point C est ainsi le milieu de A D ;

2° mener la perpendiculaire au milieu de A D, comme dans le tracé précédent.

3. **Perpendiculaire d'un point extérieur à une droite** (fig. 3). — 1° Du point donné C décrire un arc qui coupe la droite A B aux points D et E ;

2° mener la perpendiculaire au milieu de D E.

4. **Perpendiculaire à l'extrémité d'une droite.** — 1er Procédé (fig. 4). — 1° Du point A, décrire une circonférence de rayon assez grand A C et, avec le même rayon, du point C, décrire l'arc A D ;

2° tracer C D, prolonger cette droite d'une longueur D E égale à C D et mener A E.

2e Procédé (fig. 5). — 1° D'un point quelconque O, avec le rayon O B, décrire la circonférence qui coupe la droite au point C ;

2° joindre C O et prolonger jusqu'en D ; puis, mener D B, perpendiculaire demandée.

PARALLÈLES

5. **Parallèle à une droite à une distance donnée** (fig. 6). — 1° Avec un rayon égal à la distance donnée (12,5 mm), de deux points quelconques E et F suffisamment éloignés, décrire deux arcs ;

2° mener la tangente commune C D à ces deux arcs.

6. **Parallèle à une droite par un point extérieur.** — *a)* ***Procédé au compas*** (fig. 7). — 1° Du point donné C, décrire l'arc qui coupe la droite AB au point D ;

2° avec le même rayon, décrire du point D l'arc C F ;

3° prendre une ouverture de compas égale à F C et la porter en D E ; joindre C E.

b) ***Procédé à l'équerre et la règle*** (fig. 8). — 1° Appliquer l'un des longs côtés de l'équerre sur la droite donnée A B et placer la règle contre le petit côté ;

2° faire glisser l'équerre le long de la règle, jusqu'à ce que le côté appliqué sur A B passe au point donné C, et mener C D.

Application. — ***Construction d'un carré de côté donné.*** — *a) Construire un carré de côté 30 mm sur deux axes rectangulaires M N et P R* (fig. 9). Il suffit de tracer les parallèles A B et D C à 15 mm de M N ; puis les parallèles A D et B C à 15 mm de P R.

On construit de même le carré E F G H (*La construction est analogue pour un rectangle*).

b) Construire un carré de côté 30 mm sur une droite A B (fig. 9 *bis*).

1° Porter A B = 30 ;

2° pour mener la parallèle D C à 30 de A B, décrire de A et de B les arcs de cercle de rayon A B ;

3° du point d'intersection E de ces arcs, avec le rayon 15, tracer un arc de chaque côté et mener les tangentes A D et B C à ces arcs.

Planche 2.

DIVISER UNE DROITE EN PARTIES EGALES

1° En 2,4,8 parties

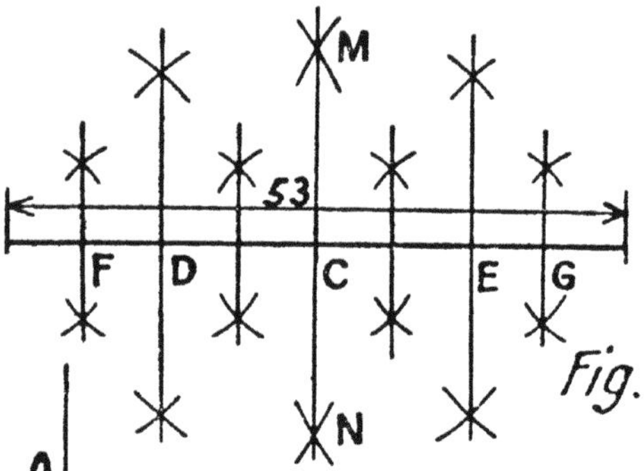

Fig.10

2° En un nombre quelconque

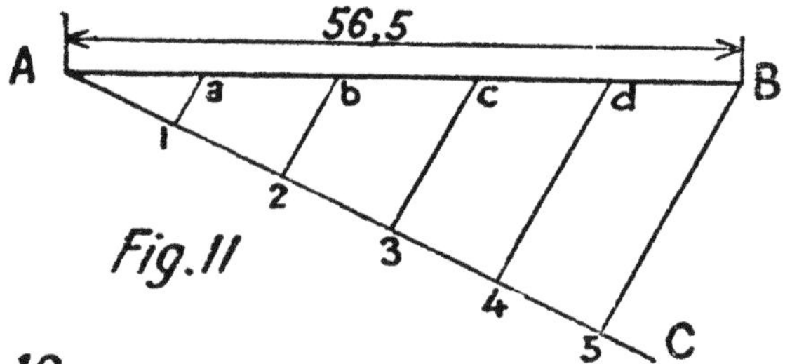

Fig.11

Application

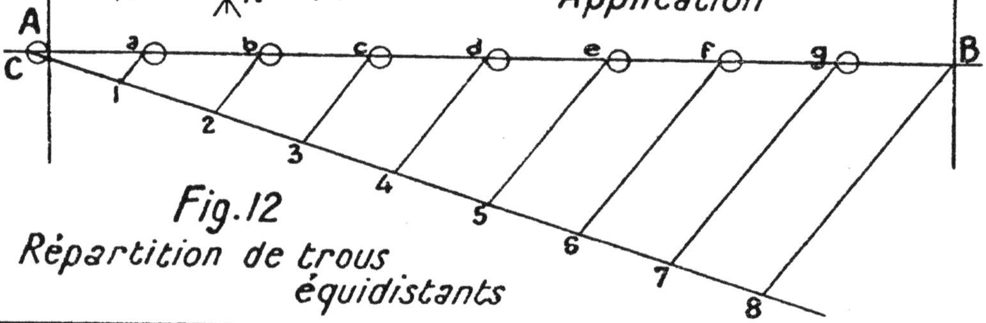

Fig.12
Répartition de trous équidistants

ANGLES

Angle donné

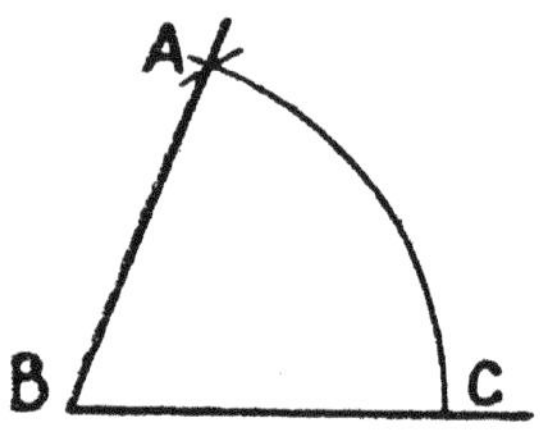

Fig.13

Angle égal

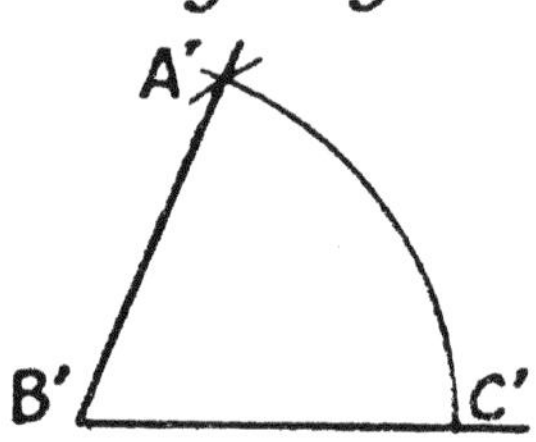

Fig.14

Angle moitié

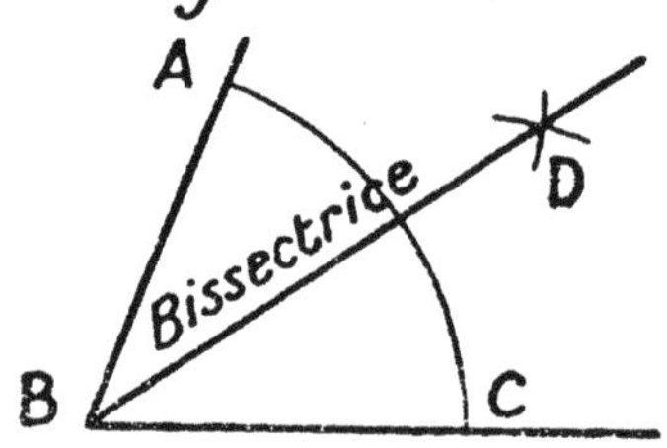

Fig.15

Angles de 60 et 30°

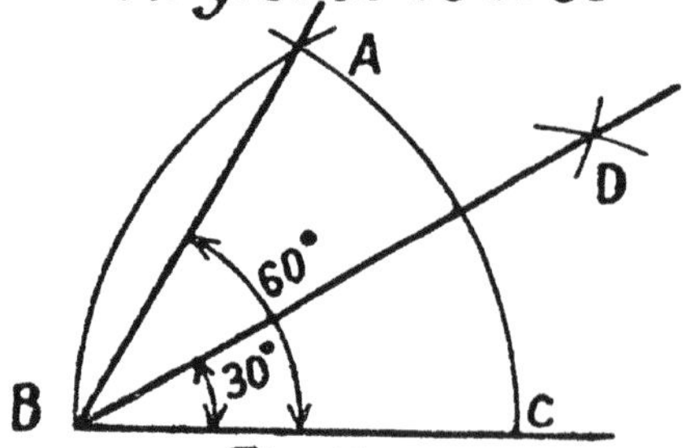

Fig.16

Angles de 60,120,90 et 45°

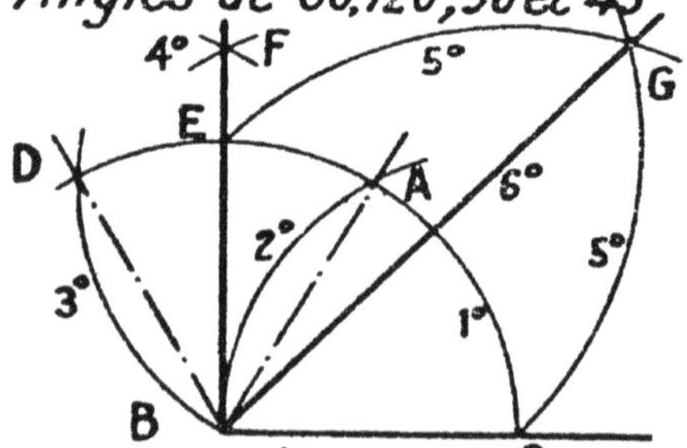

Fig.17

PLANCHE 2

DIVISION D'UN SEGMENT DE DROITE EN PARTIES ÉGALES

7. 1° **En 2, 4, 8... parties.** — (fig. 10). — Pour prendre la moitié de A B, élever la perpendiculaire M N en son milieu comme il a été indiqué au § 1 ; on obtient le milieu C. Pour prendre le quart de A B, diviser de même chaque moitié A C et C B en deux parties égales ; et ainsi de suite. La figure 10 donne la division en 8.

8. 2° **En un nombre quelconque de parties égales.** — Soit à diviser A B en 5 (fig. 11). Par le point A, mener une droite quelconque A C sur laquelle on porte cinq longueurs approximativement égales au cinquième de A B ; on obtient ainsi les points 1-2-3-4-5 ; joindre le point 5 au point B et, par les points 4, 3, 2 et 1, mener les parallèles à la droite 5-B d'après le procédé du § 6, *b*).

9. Application. — **Mise en place de trous dont les intervalles sont égaux.** — Soit à tracer sept trous sur la ligne d'axe A B (fig. 12). A gauche de l'extrémité A, porter le diamètre A C d'un trou, et diviser C B en 8 parties égales (§ 8). On obtient ainsi les points *a*, *b*, *c*, *d*, *e*, *f*, *g*.

Tracer les trous à droite de chacun de ces points, ce qui donne des intervalles égaux ; chacun d'eux est égal, en effet, à l'une des divisions C *a* = *a b* = *b c*... = *g* B, diminuée du diamètre des trous.

ANGLES

10. **Construire un angle égal à un angle donné.** — Soient l'angle A B C (fig. 13) et la droite B′ C′ (fig. 14). Des points B et B′, décrire deux arcs A C et A′ C′ de même rayon. Prendre, avec le compas, la distance C A et, du point C′ comme centre, avec cette longueur comme rayon, décrire l'arc qui coupe l'arc C′ A′ au point A′. Il suffit de joindre A′ B′.

11. **Mener la bissectrice d'un angle.** — Pour diviser un angle A B C en deux parties égales (fig. 15), décrire, du sommet B comme centre, un arc A C qui coupe les deux côtés de l'angle en A et C. De ces deux points, tracer deux arcs de même rayon qui se coupent en D. Joindre B D, c'est la *bissectrice* de l'angle A C B. On a ainsi $\widehat{ABD} = \widehat{DBC}$.

12. **Construire les angles de 60 et de 30 degrés.** — Du point B (fig. 16) décrire l'arc C A et de C, avec le même rayon, décrire l'arc B A. Joindre A B ; l'angle A B C vaut 60 degrés.

Mener la bissectrice B D de cet angle (§ 11), chacun des angles A B D et D B C vaudra 30 degrés.

13. **Construire les angles de 120, 90 et 45 degrés.** — Sur B C (fig. 17) construire l'angle A B C de 60 degrés ; porter A D = A C et joindre B D ; l'angle A B D vaut donc également 60 degrés. En menant sa bissectrice B E (§ 11), on obtient l'angle droit C B E, car $60^\circ + 30^\circ = 90^\circ$.

La bissectrice B G de cet angle donne l'angle de 45 degrés C B G.

14. Exercices proposés. — 1° Construire l'angle de 75 degrés ; $\left(75 = 60 + \frac{60}{4}\right)$.

2° Construire l'angle de 135 degrés (135 = 90 + 45).

Planche 3. — POLYGONES

Triangle quelconque

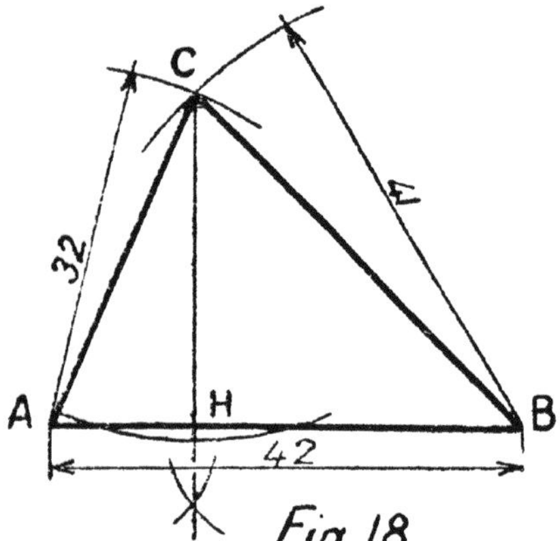

Fig 18

Triangle isocèle.

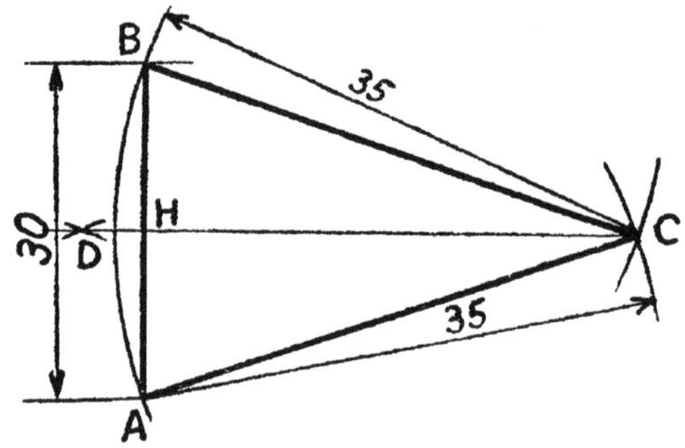

Fig. 19

Rectangle

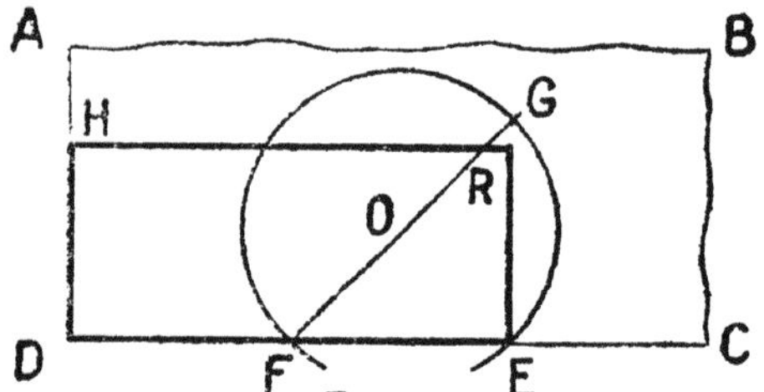

Fig. 20

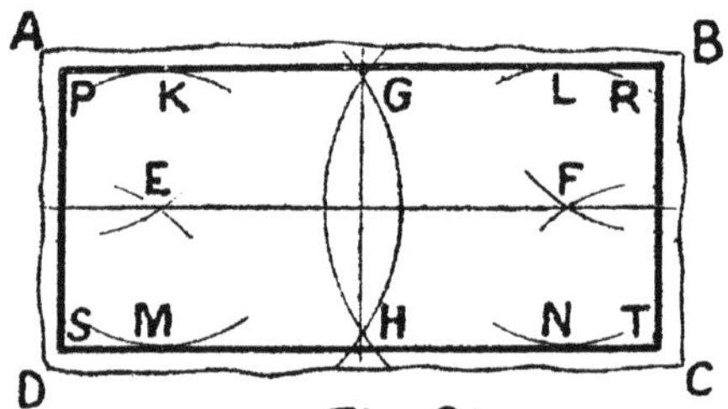

Fig. 21

Carré transformé en octogone régulier

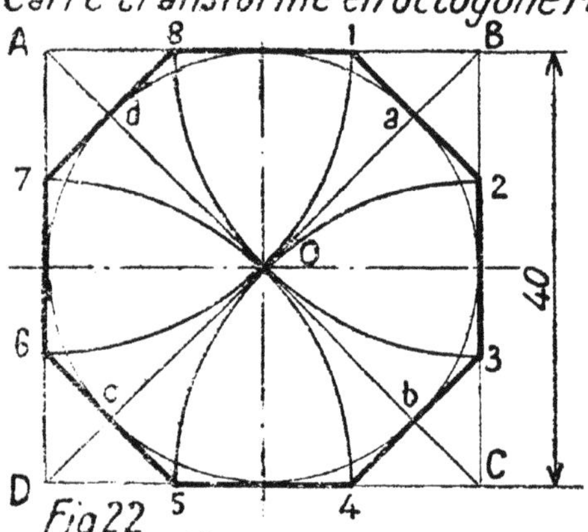

Fig 22

Octogone régulier inscrit.

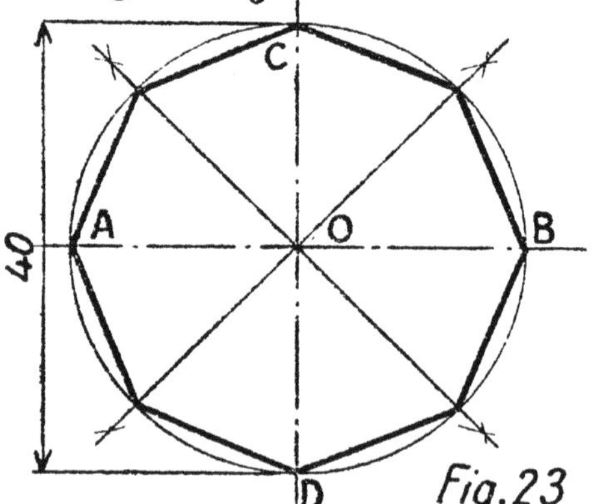

Fig. 23

Hexagone

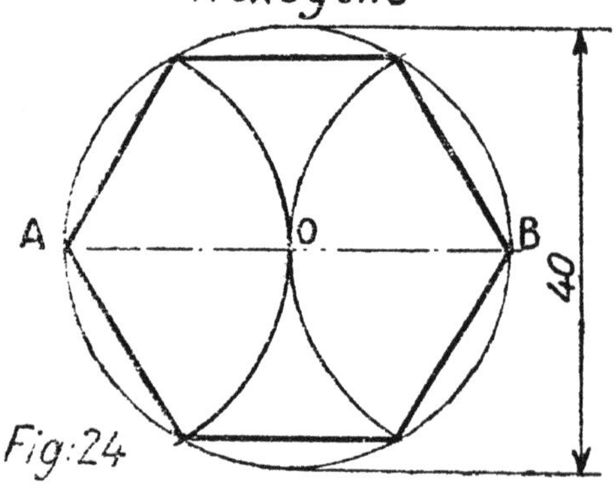

Fig: 24

Pentagone Décagone

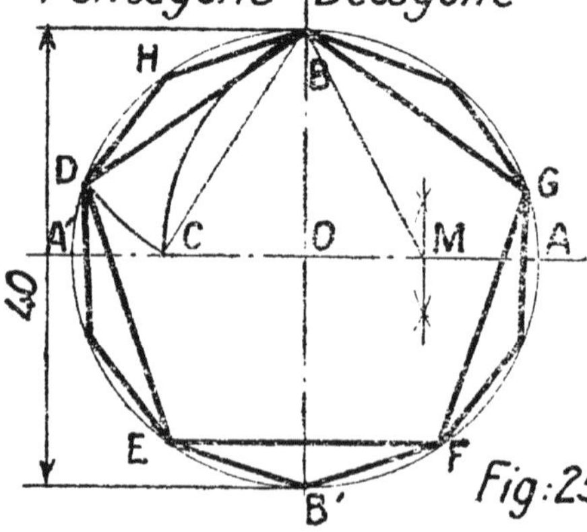

Fig: 25.

PLANCHE 3

POLYGONES

15. Construire un triangle dont on connaît les trois côtés. — *a) Triangle quelconque.* — Soient 42, 32 et 41 mm les trois côtés donnés.

1° Tracer A B égal à l'un de ces côtés, 42 mm par exemple (fig. 18) ;

2° du point A comme centre, décrire un arc de rayon égal au deuxième côté (32 mm) ; opérer de même au point B, avec le rayon 41 égal au troisième côté. Les deux arcs ainsi tracés se coupent au point C, troisième sommet du triangle demandé.

b) Triangle équilatéral. — Même construction avec le même rayon pour les 3 côtés (fig. 34).

c) Triangle isocèle. — Si la position de la base A B est donnée, appliquer le tracé précédent (*a*) (fig. 19).

Si c'est la position du sommet C qui est imposée, de ce point comme centre décrire l'arc de rayon égal au côté et, d'un point A de cet arc, avec une ouverture de compas égale à la base, couper cet arc au point B.

16. Mener les hauteurs d'un triangle. — De l'un des sommets du triangle, abaisser la perpendiculaire C H sur le côté opposé appelé *base* : C H est la hauteur du triangle (fig. 18).

17. Tracé d'une tôle rectangulaire. — *1er cas : l'un des bords de la tôle est rectiligne.* — Soit la tôle A B C D (fig. 20) dont le côté D C est droit.

1° Mettre le côté A D d'équerre avec D C et porter en D E la longueur donnée ;

2° au point E, mener la perpendiculaire E G à D E (§ 4, 2e procédé) ;

3° porter la largeur de la tôle en D H et E K, et tracer H K.

2e cas : les quatre bords de la tôle sont sinueux. — Soit A B C D (fig. 21).

1° De chacun des sommets A et D, avec un rayon légèrement supérieur à la demi-largeur A D, décrire un arc de cercle de façon que les deux arcs ainsi tracés se coupent au point E ; opérer de même en C B, pour obtenir le point F ;

2° tracer E F et mener la perpendiculaire G H au milieu de E F ;

3° mener les parallèles K L et M N à une distance de l'axe E F égale à la demi-largeur du rectangle à construire ;

4° porter la demi-longueur de ce rectangle en G P, G R, H S, H T et mener P S et R T.

18. Transformer un carré en octogone régulier. — *a)* 1er Procédé. — Soit le carré A B C D (fig. 22). Tracer les diagonales et, des sommets, A, B, C, D, comme centres avec un rayon égal à la moitié de la diagonale, décrire des arcs qui passent par le centre O et qui coupent les côtés du carré aux points 1, 2, 3, 4, 5, 6, 7, 8. Joindre ces points deux à deux comme l'indique la figure.

b) 2e Procédé. — Inscrire la circonférence dans le carré donné (même figure) et, par ses points d'intersection *a*, *b*, *c*, *d* avec les diagonales, mener les droites 1-2, 3-4, 5-6, 7-8 parallèles aux diagonales. Ces lignes sont les côtés de l'octogone demandé.

19. Inscrire un octogone régulier dans un cercle (fig. 23). — Tracer un diamètre A B et le diamètre C D perpendiculaire à A B. Mener ensuite les bissectrices des quatre angles droits ainsi obtenus ; ces bissectrices divisent la circonférence en huit parties égales. Joindre les points de division consécutifs.

20. Inscrire un hexagone régulier (fig. 24). — Le côté de l'hexagone régulier inscrit étant égal au rayon de la circonférence, il suffit de porter six fois le rayon comme l'indique la figure 24.

21. Inscrire le pentagone et le décagone réguliers (fig. 25). — Tracer les deux diamètres rectangulaires A A′ et B B′ ; prendre le milieu M du rayon O A et, avec la longueur M B comme rayon, du point M comme centre, décrire l'arc qui coupe A A′ en C. Joindre B C, c'est le côté du pentagone ; C O est le côté du décagone ; les porter sur la circonférence.

Planche 4. — TANGENTES

1° En un point

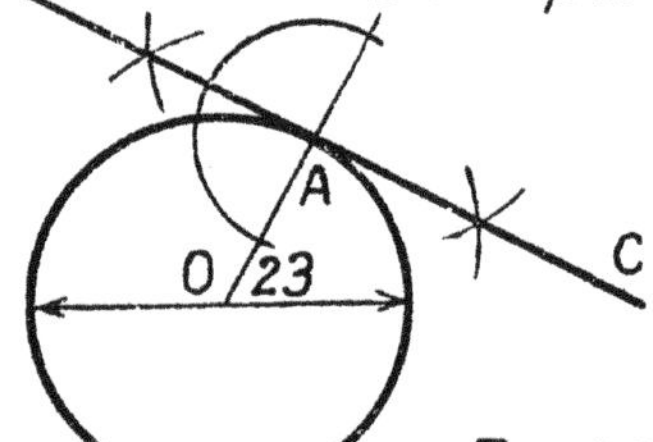

Fig:26

3° Tangentes communes

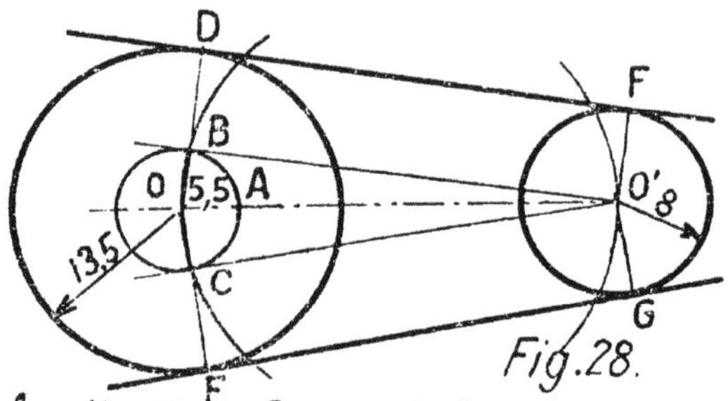

Fig.28.

2° D'un point extérieur

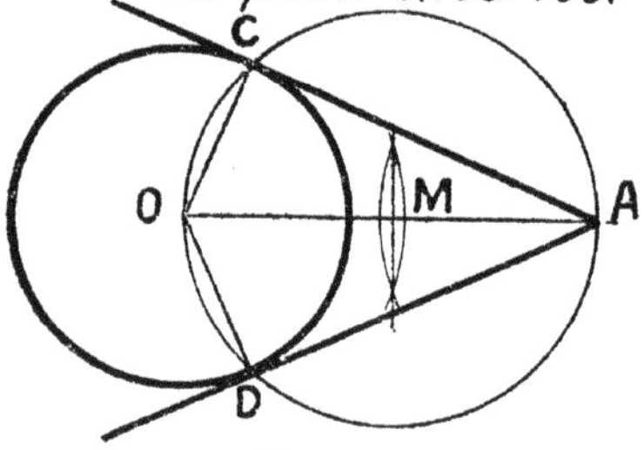

Fig:27

Application. fond de baignoire.

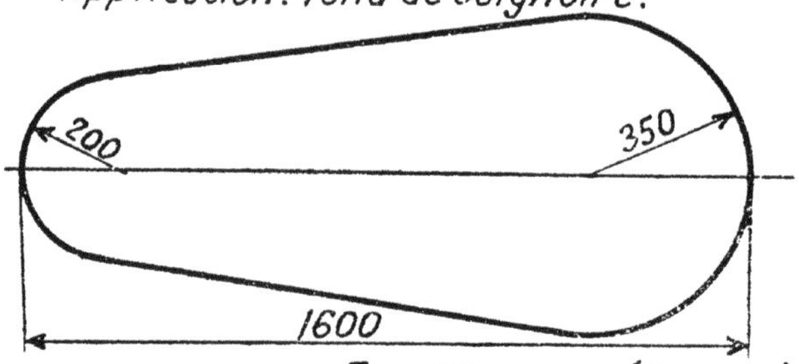

Fig:29 (Ech.0,04)

RACCORDEMENTS

1° de deux parallèles

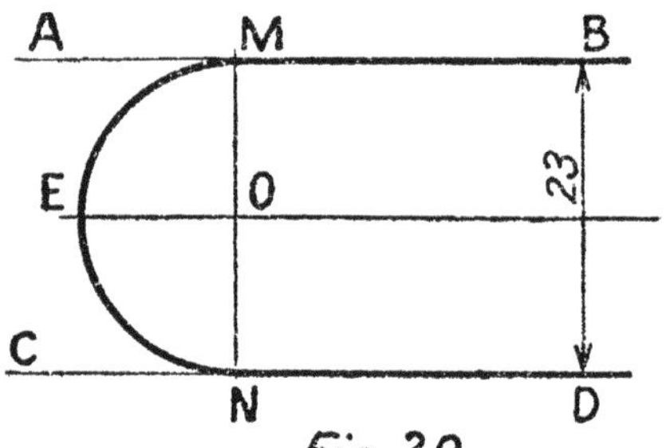

Fig.30

2° de deux droites rect^res

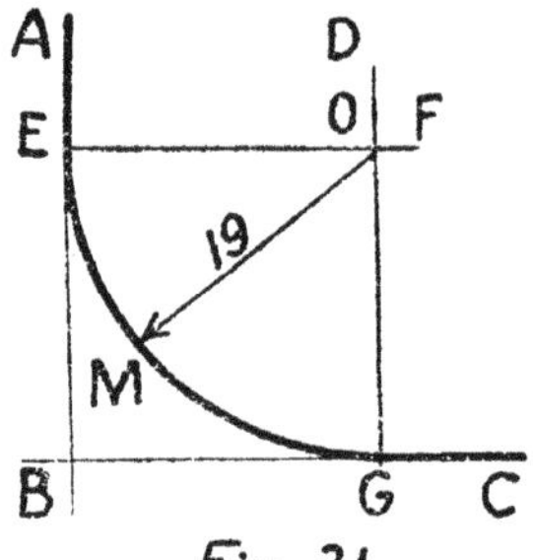

Fig:31

Application Poignée.

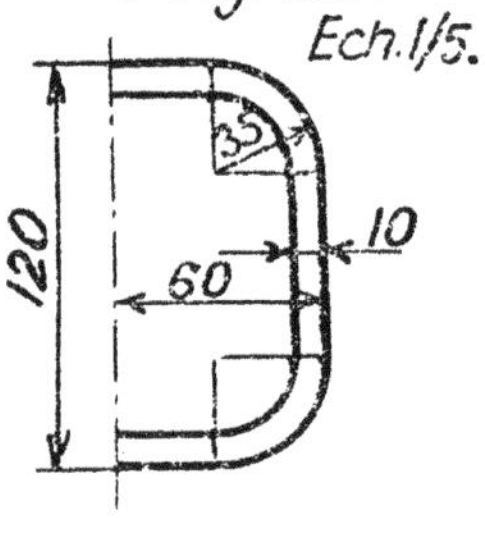

Fig.32

3° De deux droites concourantes

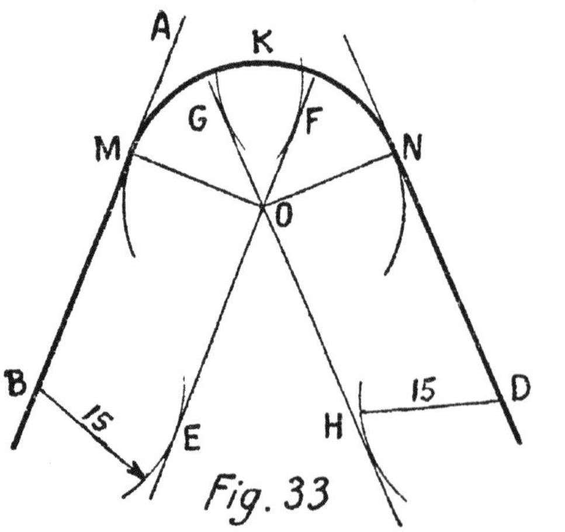

Fig. 33

Application: fond de boîte.

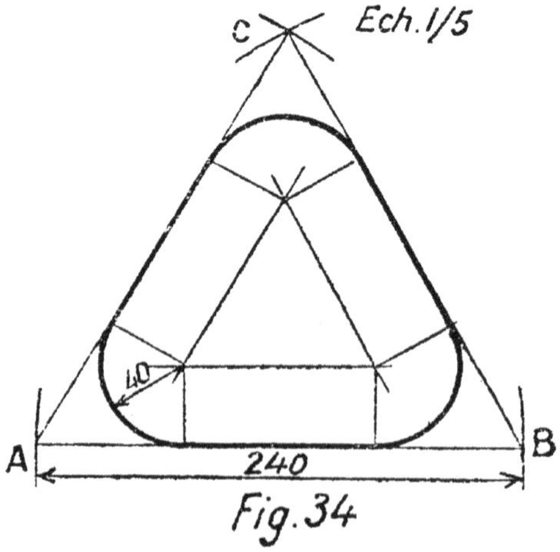

Fig.34

PLANCHE 4

TANGENTES

22. **Mener la tangente en un point donné d'une circonférence. —** Soit le point A sur la circonférence O (fig. 26). Tracer O A et mener en A la perpendiculaire A C à O A ; A C est la tangente demandée. (*Il est important de bien retenir que la tangente est perpendiculaire au rayon du point du contact.*)

23. **D'un point extérieur mener la tangente à une circonférence.** — Soit le point A pris en dehors du cercle O (fig. 27). Joindre O A, prendre son milieu M et décrire la circonférence de diamètre O A ; elle coupe la circonférence donnée aux points C et D qu'il suffit de joindre au point A. (Les rayons O C et O D sont respectivement perpendiculaires aux deux tangentes A C et A D.)

24. **Mener les tangentes communes à deux circonférences. —** Soient les circonférences O et O′ de rayons 13,5 et 8 (fig. 28). Du centre O, décrire le cercle de rayon O A égal à la différence 13,5 — 8 = 5,5 de ces deux rayons ; puis, de O′ mener les tangentes O′ B et O′ C à ce cercle (§ précédent) ; joindre O B et O C, tracer les parallèles O′ F et O′ G à ces deux rayons et joindre D F, E G. Ce sont les tangentes demandées. (On remarquera que B D F O′ est un rectangle.)

25. Exercice proposé. — Tracer le fond de baignoire représenté (fig. 29) à l'échelle 0,04, c'est-à-dire en multipliant les cotes inscrites (cotes réelles) par 0,04 (1).

RACCORDEMENTS

26. Définition. — **Raccorder** deux lignes, c'est mener un arc tangent à ces deux lignes. Les points de contact s'appellent *points de raccordement.*

27. **Raccorder deux droites parallèles. —** Soit à raccorder les droites A B et C D distantes de 23 millimètres (fig. 30), connaissant l'un des points de raccordement M. Mener la perpendiculaire M N à A B ; elle l'est aussi à C D ; le point N est le second point de raccordement. Du milieu O de M N, décrire la demi-circonférence M E N.

28. **Raccorder deux droites rectangulaires. —** Pour raccorder les droites rectangulaires A B et B C (fig. 31), par un arc de rayon donné (19 mm, par exemple), mener la parallèle E F à B C, à une distance égale au rayon, soit 19 mm, et, ensuite, la parallèle D G à A B à la même distance.

L'intersection O de ces deux droites E F et D G est le centre de l'arc de raccordement. Mener de O les perpendiculaires O E à A B et O G à B C ; enfin, décrire le quart de circonférence E M G.

Application. — Tracer à l'échelle 0,6 la poignée représentée par la figure 32.

29. **Raccorder deux droites concourantes. —** Soient les droites A B et C D à raccorder par un arc de rayon 15 (fig. 33). Le centre cherché O devant se trouver à 15 millimètres de chaque droite est l'intersection des deux parallèles menées à 15 millimètres des droites données. Les points de raccordement M et N s'obtiennent en menant de O les perpendiculaires O M et O N. Il ne reste qu'à décrire l'arc M K N.

Exercice proposé. — Tracer à l'échelle $\frac{2}{5}$ le fond de boîte représenté par la figure 34.

(1) Voir plus loin (§ 99) : construction et utilisation d'une échelle.

Planche 5. — RACCORDEMENTS

1° d'un arc à un arc

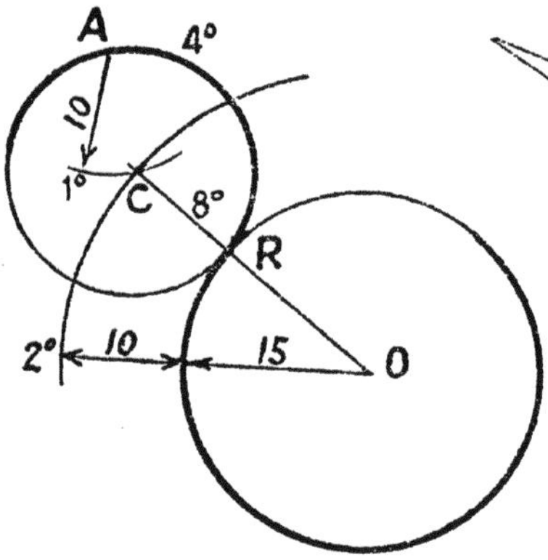

Fig 35

Applications : *Profils de vases*

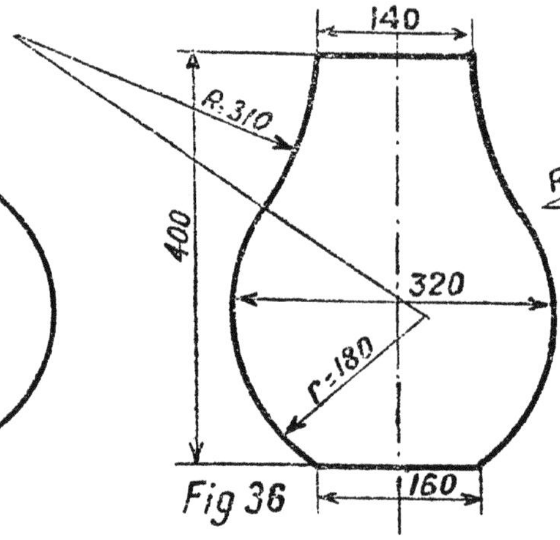

Fig 36

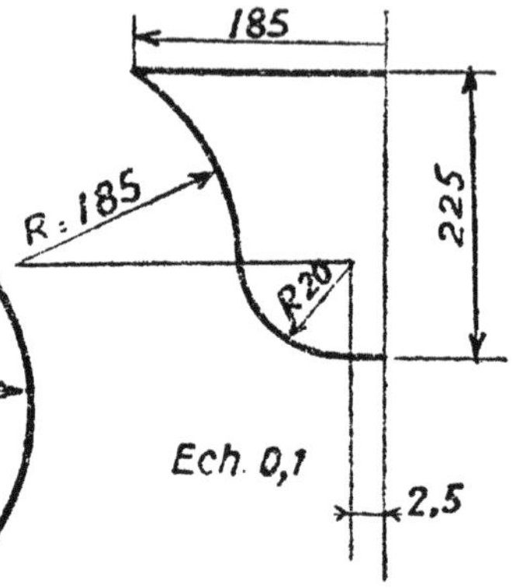

Fig 37

2° Raccorder une droite et un arc

1° cas

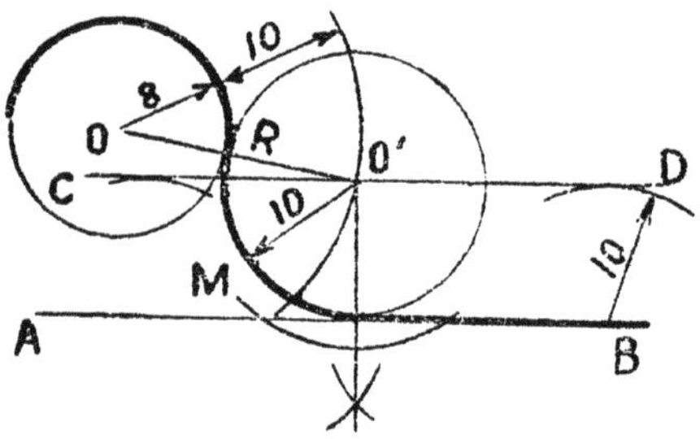

Fig 38

Application : *Tige avec anneau*

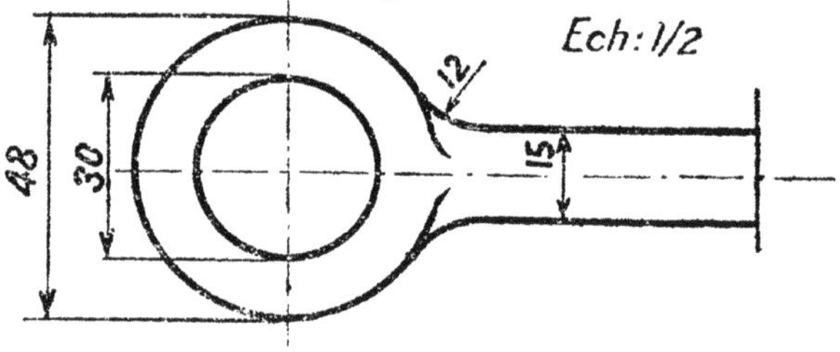

Fig. 39

2° cas

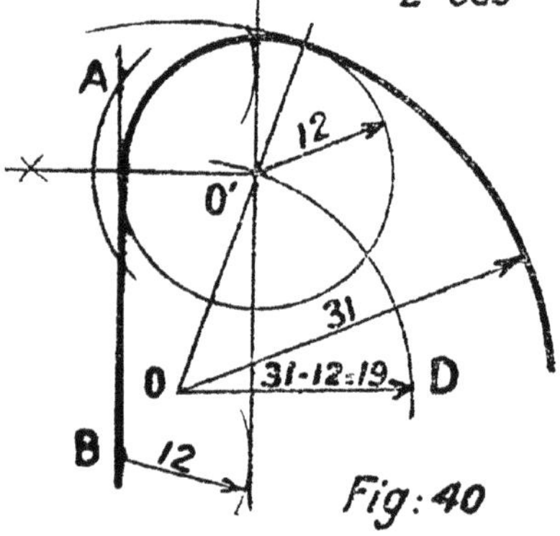

Fig: 40

Application : *Oreillon*

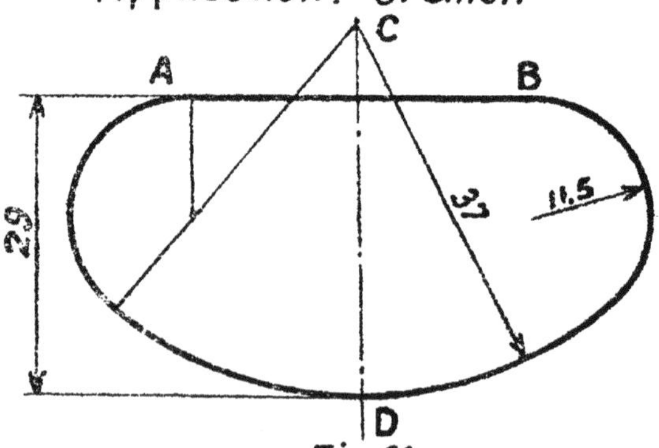

Fig. 41

PLANCHE 5

RACCORDEMENTS (suite)

31. **Par un point donné, faire passer un arc de rayon donné tangent à un arc donné.** — Soient le point A et l'arc de centre O (fig. 35). On connaît le rayon 10 mm de l'arc qui doit passer par A et doit être tangent au cercle O. Pour déterminer le centre C, remarquer qu'il se trouve à 10 de A, c'est-à-dire sur un arc décrit de A avec 10 de rayon. Le centre cherché se trouve en outre à 10 de la circonférence O et, par suite, à 10 + 15 de son centre O ; il est donc sur l'arc décrit de O avec le rayon 10 + 15 = 25. L'intersection des deux arcs est le centre cherché C.

Mener C O et décrire l'arc A R de centre C et de rayon 10 mm.

Le point de raccordement R des deux arcs est sur la droite qui joint leurs centres.

32. Nota. — 1° L'exécution des raccordements exige une grande précision dans les tracés. 2° On ne tracera jamais les arcs qui raccordent avant d'avoir déterminé les points de raccordement en menant les lignes des centres et les perpendiculaires aux tangentes.

33. Applications. — **Tracé de profils de vases** (fig. 36 et 37). — Tracer d'abord l'arc de rayon $r = 180$ et appliquer ensuite le tracé du § 31.

34. **Raccorder une droite et un arc par un arc de rayon donné. — 1**er Cas (fig. 38). — Soit à raccorder la droite A B et le cercle de centre O par un arc de rayon 10 mm. Il s'agit de trouver le centre O′ de ce dernier.

Le centre cherché devant se trouver à 10 mm de A B, il est sur la parallèle C D menée à 10 mm de cette droite ; devant se trouver également à 10 du cercle O, de rayon 8, c'est-à-dire à 10 + 8 du centre O, il est sur la circonférence décrite de ce point O comme centre avec 18 mm de rayon.

Le centre O′ étant ainsi déterminé, abaisser la perpendiculaire sur A B et joindre O O′ pour avoir les points de raccordement avant de décrire l'arc qui raccorde la circonférence O et la droite A B.

35. Application. — **Tracé d'une tige avec anneau** (fig. 39). — Tracer la tige et l'anneau ; puis les raccorder de chaque côté par un arc de rayon 12 mm, en appliquant le procédé du § 34.

36. **2**e Cas (fig. 40). — Soit à raccorder la droite A B et le cercle de centre O et de rayon 31 mm par un arc de rayon 12. Le tracé est analogue à celui du § 34, mais le rayon de la circonférence concentrique de centre O est égal à la différence et non à la somme des deux rayons donnés (31 — 12 = 19).

37. Application. — **Tracé d'un oreillon** (fig. 41). — Tracer d'abord l'arc de rayon 37 et de centre C, ce centre se trouvant sur l'axe C D et à 37 — 29 = 8 mm du bord A B ; puis, raccorder, à chaque extrémité, cet arc et la droite A B en appliquant le procédé du § 36.

38. **Exercices proposés. — Tracer les contours courbes d'objets et d'organes divers après en avoir relevé les dimensions utiles aux tracés : brides, coudes, raccords, etc.**

Planche 6. — RACCORDEMENTS

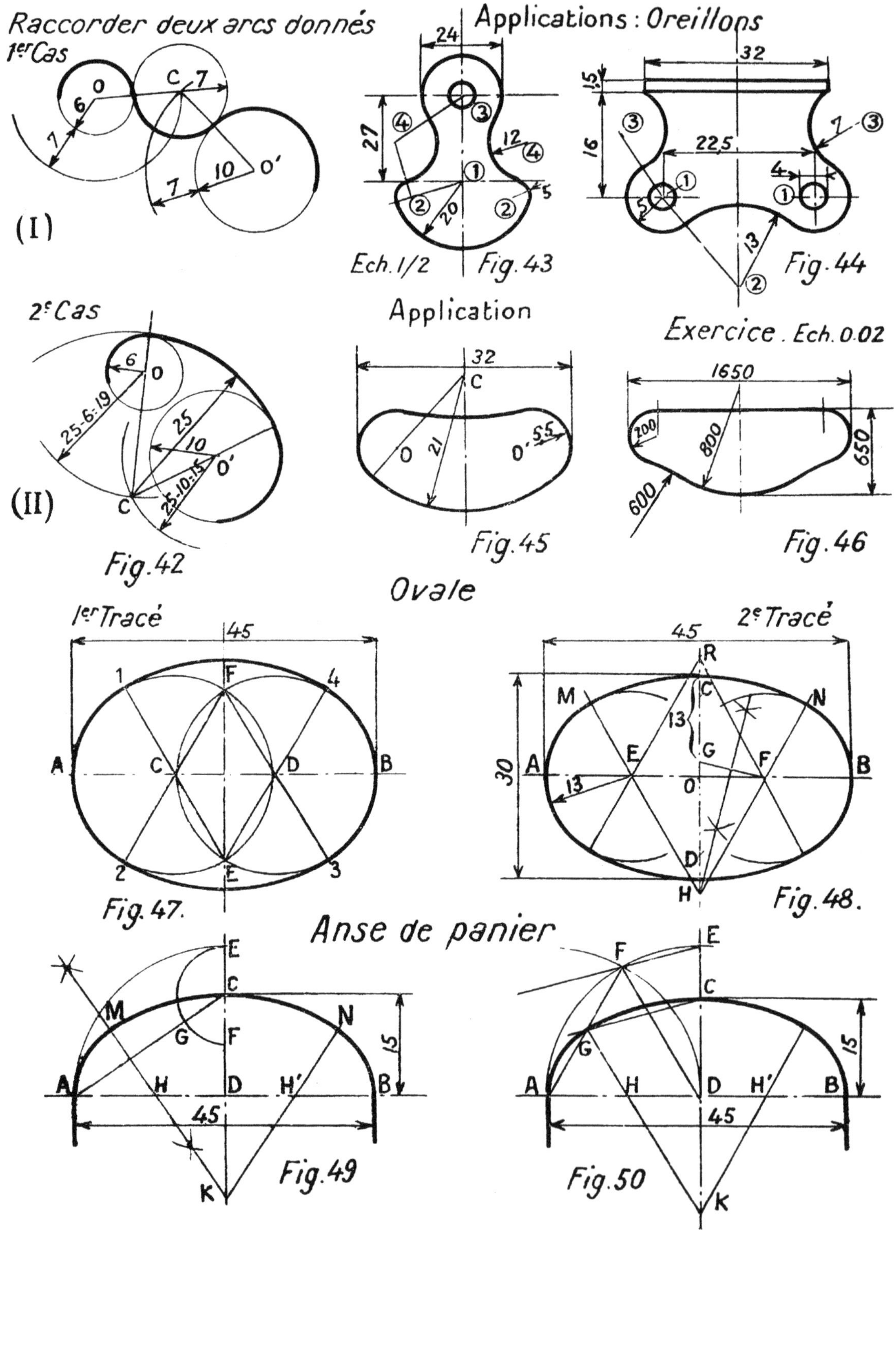

PLANCHE 6

RACCORDEMENTS (suite)

39. **Raccorder deux arcs par un arc de rayon donné. — 1er Cas** (fig. 42, I). — Soient les arcs de centres O et O′ à raccorder par un arc de rayon 7 mm. Comme il a été expliqué au § 34, pour déterminer le centre C, décrire la circonférence concentrique à chacun des cercles O et O′ avec un rayon égal à la somme des rayons de l'arc donné et de l'arc demandé : 6 + 7, pour le cercle O et 10 + 7, pour le cercle O′.

40. Application. — **Tracés d'oreillons** (fig. 43 et 44). — Suivre l'ordre indiqué par les numéros placés aux centres des arcs à décrire. (Prendre 42 mm pour la largeur totale de la partie inférieure dans la figure 43.)

41. **2e** Cas (fig. 42, II). — Soit à raccorder les deux arcs de centres O et O′ par un arc de rayon 25 mm. Décrire la circonférence concentrique à chacun des cercles O et O′ avec un rayon égal à chacun des rayons des cercles O et O′ diminué du rayon de l'arc de raccordement, soit 25 — 6 pour le cercle de centre O et 25 — 10 pour le cercle de centre O′.

42. Application. — **Tracé d'un dessus d'oreillon** (fig. 45). — Tracer d'abord les arcs de centres O et O′ ; puis, déterminer les centres des deux arcs qui les raccordent en appliquant les tracés des §§ 39 et 41.

43. Exercice. — Tracer à l'échelle 1,8 la couverture de marquise représentée par la figure 46.

44. **Ovale. —** 1er Tracé (fig. 47) : *On ne donne que le grand axe A B de l'ovale.* — 1° Diviser cet axe en trois parties égales et décrire deux cercles, des points de division C et D comme centres, avec un rayon égal au tiers de A B ;

2° joindre E C, E D, F C, F D et, des points E et F, décrire, avec le rayon E — 1, les deux arcs qui se raccordent aux arcs primitivement tracés.

2e Tracé (fig. 48) : *On donne les deux axes A B et C D.* — 1° Avec le rayon 13, légèrement inférieur au tiers de A B, décrire, des points E et F, deux arcs passant par les extrémités du grand axe ;

2° porter C G = 13, joindre G F et mener la perpendiculaire au milieu de cette droite. Elle coupe le petit axe au point H. On obtient le point symétrique K en portant O K = O H ;

3° joindre H E, H F, K E, K F, pour obtenir les quatre points de raccordement, et décrire, de H et de K, avec le rayon H M, les deux arcs de raccordement.

45. **Anse de panier. —** 1er Tracé (fig. 49) : *L'ouverture de l'anse est A B et sa hauteur ou flèche est C D.* — 1° Porter D E égal à la demi-ouverture A D et, avec la différence C E comme rayon, décrire l'arc E G F ;

2° mener la perpendiculaire au milieu de A G ; elle coupe A B en H et l'axe en K ; le point H′ s'obtient en portant D H′ = H D ;

3° avec le rayon A H, décrire, des centres H et H′, les arcs A M et B N et raccorder ces deux arcs par l'arc de centre K et de rayon C K.

2e Tracé (fig. 50). — 1° Décrire l'arc A F E de centre D et l'arc D F de centre A ;

2° joindre E F, mener sa parallèle C G et, du point G, la parallèle G K à F D. Le tracé se termine comme plus haut.

Planche 7. — MOULURES

Quart de rond.

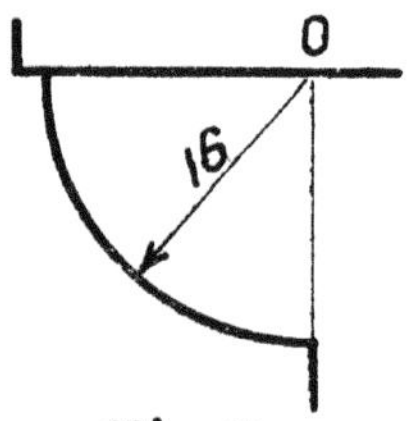

Fig. 51

Cavet.

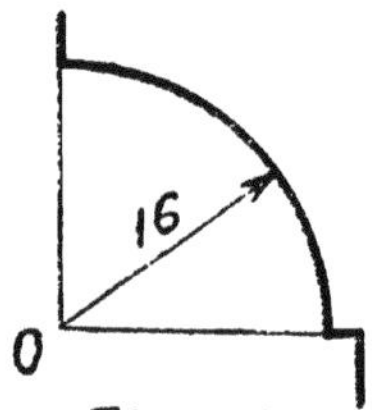

Fig. 52

Congé.

Fig. 53

Tore ou boudin

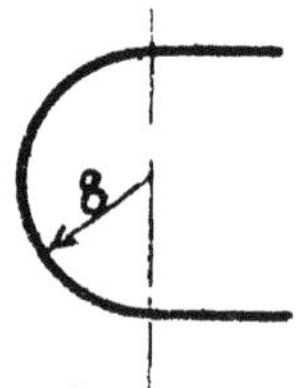

Fig. 54

Gorge

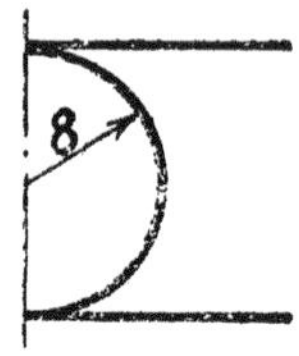

Fig. 55

Doucine

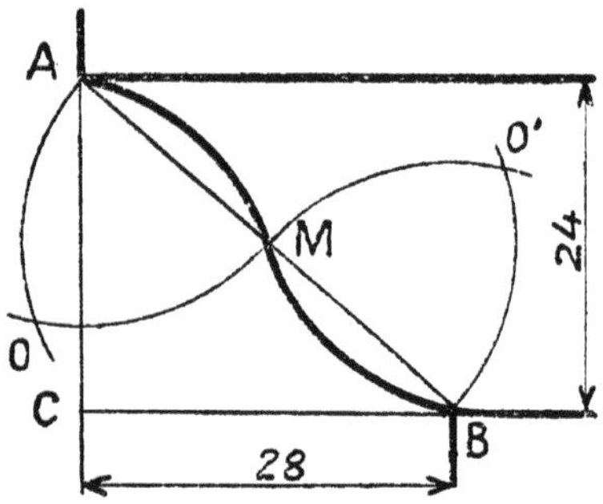

Fig. 56

Talon

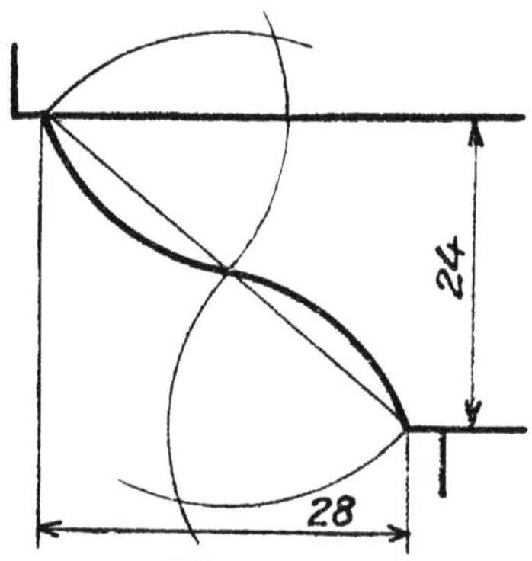

Fig. 57

Tore corrompu

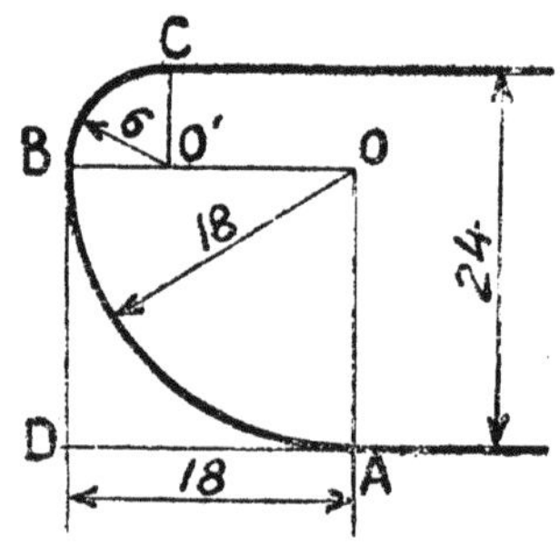

Fig. 58

Scotie

1° Tracé

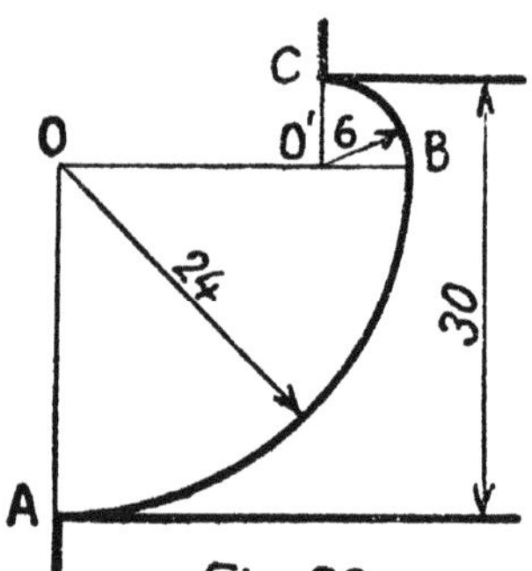

Fig. 59

2° Tracé

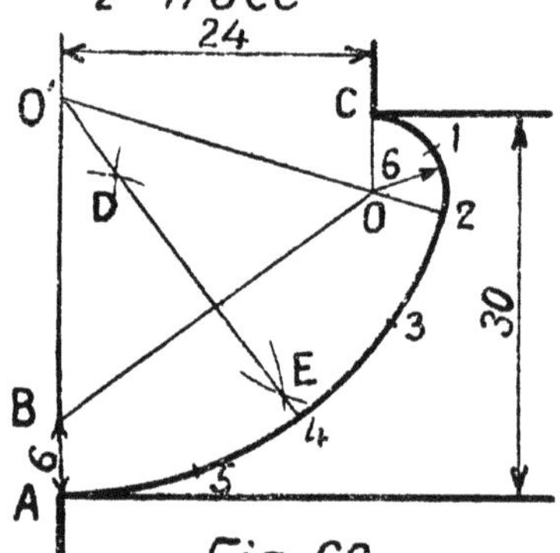

Fig. 60

3° Tracé

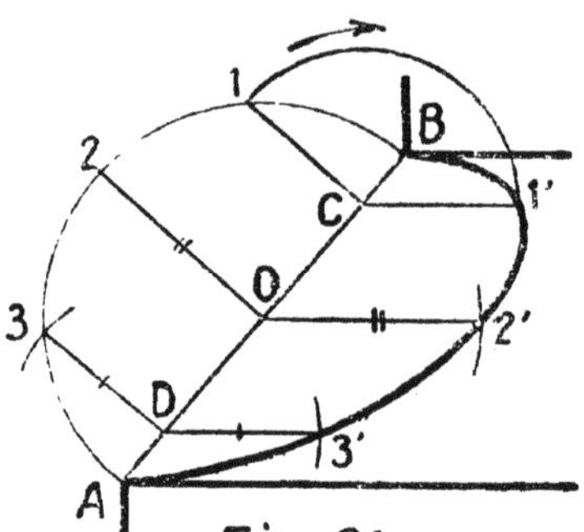

Fig. 61

Rectification du profil de la scotie de la figure 60.

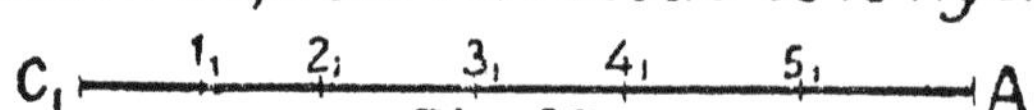

Fig. 62

PLANCHE 7

MOULURES

46. **Définition.** — Les moulures sont des ornements en saillie placés sur les objets, les ouvrages et les diverses parties du bâtiment.

47. **Diverses sortes de moulures.** — On distingue : les moulures *planes*, formées de surfaces planes, et les moulures *courbes*, composées de surfaces courbes. Lorsque le *profil* de ces dernières n'est formé que d'un seul arc, les moulures sont dites *simples* ; elles sont dites *composées*, dans le cas contraire : ainsi, seules les moulures de la première ligne (fig. 51 à 55) sont simples.

48. **Tracé des moulures courbes.** — a) *Moulures simples.* — Les moulures courbes simples sont : le *quart de rond* (fig. 51), le *cavet* (fig. 52) et le *congé* (fig. 53) dont le profil est un quart de circonférence ; le *tore* ou *boudin* (fig. 54) et la *gorge* (fig. 55) dont le profil est une demi-circonférence.

b) *Moulures composées.* — Les moulures courbes composées sont : la *doucine* (fig. 56), le *talon* (fig. 57), le *tore corrompu* (fig. 58) et la *scotie* (fig. 59, 60 et 61).

1° **Tracé de la doucine.** — 1° La saillie C B = 28 mm et la hauteur C A = 24 mm de la moulure étant données (fig. 56), mener A B, prendre son milieu M et, avec un rayon égal à la moitié de A B, décrire, des points A, M et B comme centres, des arcs qui se coupent deux à deux aux points O et O′, centres des arcs A M et M B qu'il suffit de tracer pour avoir le profil A M B de la doucine.

2° **Tracé du talon.** — (fig. 59). — Tracé analogue au précédent.

3° **Tracé du tore corrompu.** — Le tore corrompu a une saillie (18 mm, dans le cas de la figure 58) inférieure à la hauteur (24 mm). Il se compose de deux quarts de circonférence raccordés.

Prendre pour rayon A O du grand arc la saillie donnée (égale, dans le cas de la figure 58, aux 3/4 de la hauteur, soit $24 \times \frac{3}{4} = 18$ mm) et pour rayon B O′ du petit la hauteur diminuée de la saillie, soit ici 6 mm ; puis, tracer le carré B O A D et décrire les arcs comme l'indique la figure.

4° **Tracés de la scotie.** — *1er tracé* (fig. 59), identique à celui du tore corrompu.

2e tracé. — Du centre O pris sur la verticale C O, décrire l'arc C-1-2 avec un rayon égal à 6 mm (ce rayon égal, dans le cas de la figure 60, au cinquième de la hauteur peut légèrement varier) ; puis, porter ce rayon en A B, mener B O et élever la perpendiculaire D E en son milieu ; cette perpendiculaire coupe le prolongement de A B au centre O′ du deuxième arc ; joindre O O′ et décrire l'arc A-4-2.

3e tracé. — Mener A B et décrire la demi-circonférence de diamètre A B (fig. 61) ; la diviser en un certain nombre de parties égales, 4 par exemple, et, par les points de division obtenus 1, 2 et 3, abaisser les perpendiculaires sur A B ; des pieds C, O, D de ces perpendiculaires, mener les horizontales et porter sur chacune de ces dernières les longueurs respectives des perpendiculaires à A B : C-1′ = C-1 ; O-2′ = O-2 ; D-3′ = D-3. Enfin, joindre, à main levée, les points B, 1′, 2′, 3′, A.

49. **Rectification de la longueur d'un profil de moulure.** — Rectifier, par exemple, la longueur du profil de la scotie représentée par la figure 60, c'est partager ce profil en un nombre suffisant de parties et porter successivement chacune d'elles sur une droite C_1A_1 (fig. 62). Le résultat obtenu C_1A_1 n'est qu'approché ; pour réduire l'erreur le plus possible, avoir soin de prendre, pour chacun des arcs, une ouverture de compas légèrement supérieure à la corde correspondante.

Planche 8. — COURBES USUELLES

Ellipse

1° Tracé

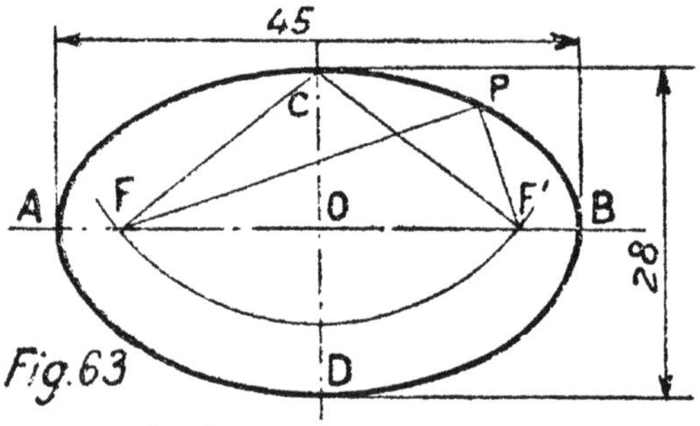

Fig. 63

2° Tracé

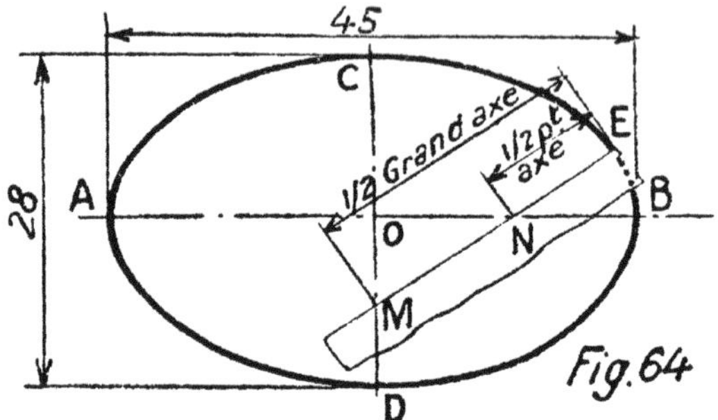

Fig. 64

Ogive

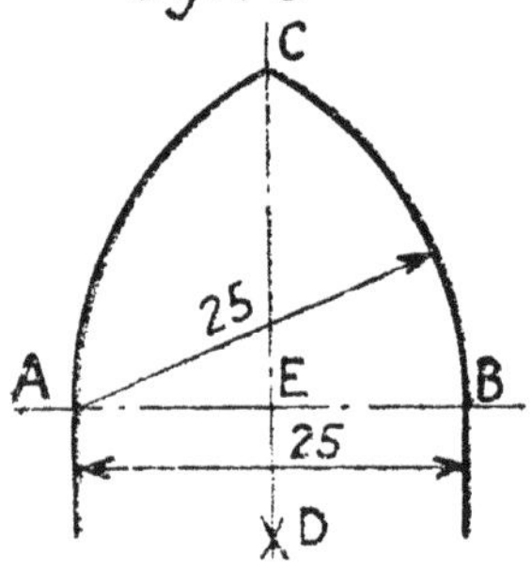

Fig. 65

Arc rampant.

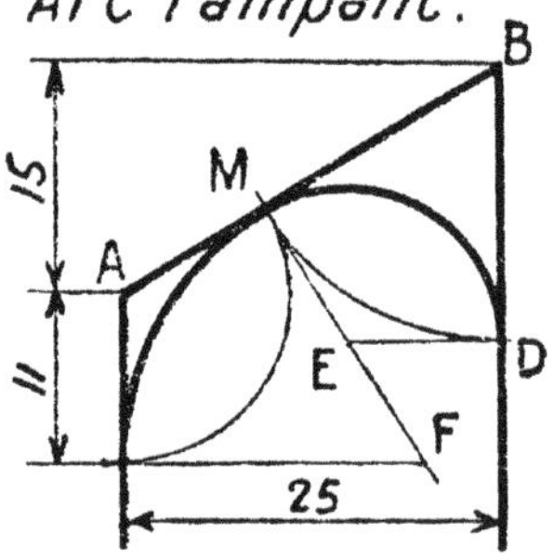

Fig. 66

Développante de cercle

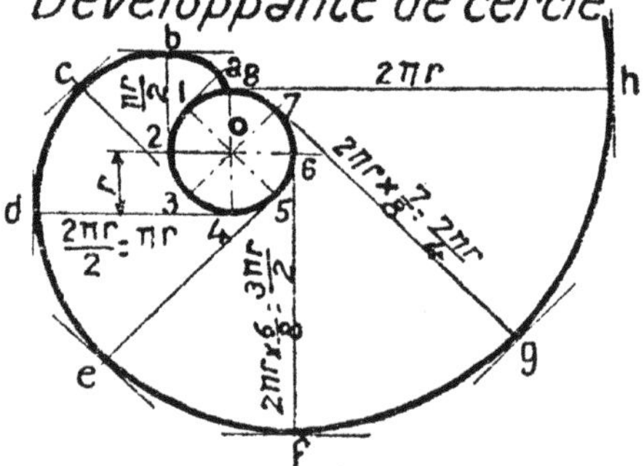

Fig. 67

Spirale

1° à quatre centres

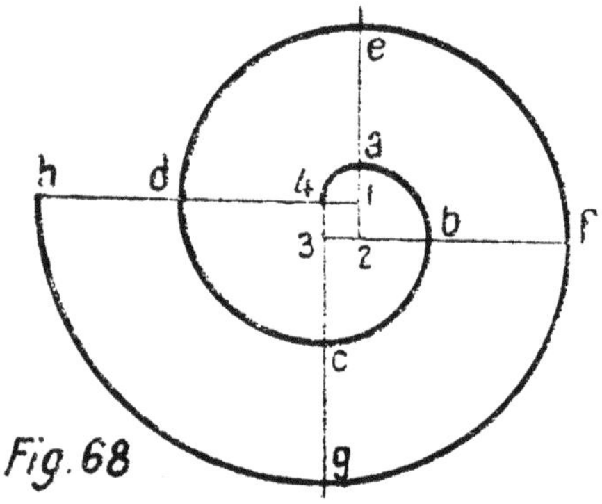

Fig. 68

2° à inscrire dans un rectangle

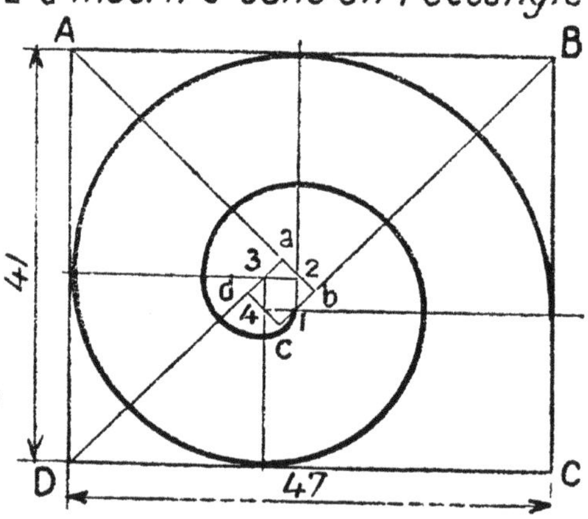

Fig. 69

Serpentin en spirale

Ech. 1/10

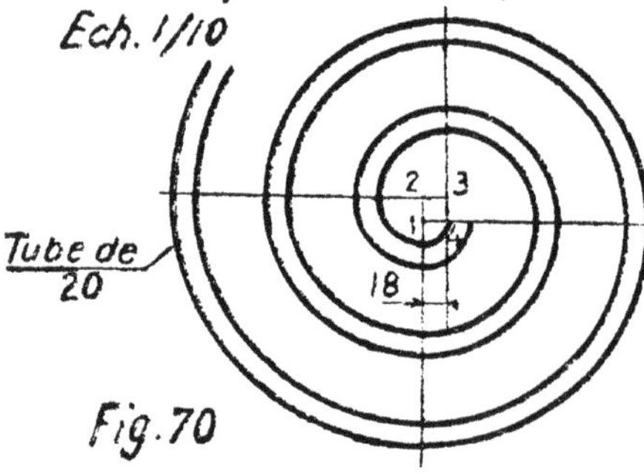

Fig. 70

Parabole

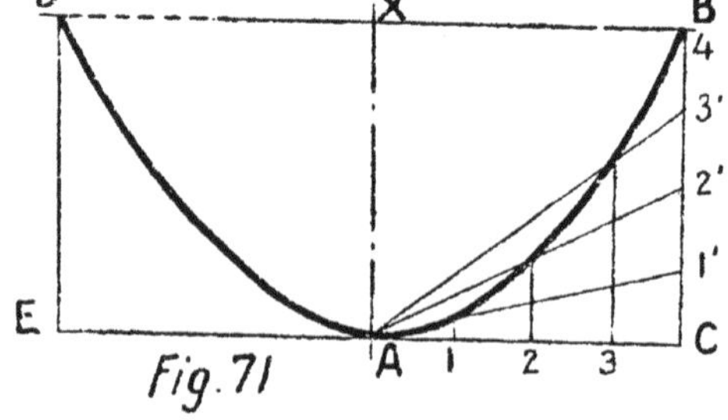

Fig. 71

PLANCHE 8

COURBES USUELLES

50. Ellipse. — 1er Tracé (fig. 63) : *On donne les deux axes A B et C D.* — 1° Avec le demi-grand axe (A O = 22,5), décrire de C l'arc qui coupe A B en deux points F et F′ appelés *foyers* ;

2° prendre un cordeau de longueur égale au grand axe A B ; fixer ses extrémités aux foyers et appliquer le crayon contre le cordeau, de façon que les deux brins soient bien tendus ;

3° en déplaçant le crayon sur la surface plane, les deux brins toujours tendus, tracer l'ellipse d'un mouvement continu.

Remarquer que, pour un point quelconque P, on a P F′ + P F = cordeau = A B.

2e Tracé (fig. 64). 1° Sur le bord bien droit d'une règle très mince ou d'une feuille de papier, porter E M égale à O B (demi-grand axe) et E N = O D (demi-petit axe) ;

2° placer les points M et N sur les axes comme l'indique la figure : l'extrémité E est un point de l'ellipse ; on peut ainsi en trouver un certain nombre qu'il suffit de joindre *à main levée.*

51. Ogive. — L'ouverture A B étant donnée (fig. 65), avec cette ouverture pour rayon, de chacun des points A et B, décrire un arc ; les deux arcs ainsi tracés se coupent au point C.

52. Arc rampant. — L'arc rampant est composé de deux arcs raccordés entre eux et tangents à trois droites données, deux verticales A C, B D et une oblique A B (fig. 66).

Le point de raccordement M étant donné :

1° porter A M en A C et B M en B D ;

2° aux points C, M et D élever les perpendiculaires aux trois droites données ; elles donnent les centres E et F des deux arcs cherchés ; tracer ces arcs.

53. Développante de cercle. — a) *Définition.* — *La développante de cercle est la courbe décrite par l'extrémité d'un fil enroulé sur une circonférence lorsqu'on le déroule de façon qu'il soit constamment tendu.*

b) *Tracé.* — Dans le mouvement, le fil reste tangent à la circonférence ; il suffit donc de partager la circonférence O (fig. 67) en 8 parties égales, de mener les tangentes en ces points et de porter successivement sur ces tangentes :

$$1\text{-}a = \frac{2\pi r}{8} = \frac{\pi r}{4}; \qquad 2\text{-}b = \frac{2\pi r}{8} \times 2 = \frac{\pi r}{2}; \qquad 3\text{-}c = \frac{2\pi r}{8} \times 3 = \frac{3\pi r}{4} \ldots$$

enfin, de joindre par une courbe les points *a, b, c... h* ainsi obtenus.

Remarquer que la tangente en un point quelconque (*f*, par exemple) de la développante est la perpendiculaire menée par ce point à la tangente (6-*f*) au cercle O.

54. Spirale. — I. *A quatre centres.* — Soit le carré 1-2-3-4 (fig. 68).

1° *du sommet 1* comme centre, avec *le côté 1 4 du carré* pour rayon, décrire le quart de circonférence 4-*a* ;

2° *du sommet 2*, avec la longueur 2-*a*, c'est-à-dire avec *2 fois le côté du carré* pour rayon, décrire le quart de circonférence *a b* ;

3° *du sommet 3*, avec le rayon 3-*b* égal à *3 fois le côté du carré*, décrire le quart de circonférence *b c* ; et ainsi de suite.

II. *Spirale inscrite dans un rectangle donné.* — Soit le rectangle A B C D (fig. 69). Pour obtenir une spirale tangente aux quatre côtés de ce rectangle, tracer successivement :

1° les bissectrices des trois angles D, A, B ; elles se coupent aux points *a, b* ;

2° le carré *a b c d* dont on prendra les milieux 1, 2, 3, 4 des côtés ;

3° les droites 1-2, 2-3, 3-4, 4-1 limitées aux côtés du rectangle A B C D ;

4° appliquer le tracé I aux quatre sommets du carré 1-2-3-4.

Application. — *Tracé d'un serpentin plan* (fig. 70). Appliquer le tracé I à un carré de côté 18 mm et construire une seconde spirale des mêmes sommets comme centres.

55. Parabole. Soit à tracer le profil parabolique d'un fond embouti (fig. 71).

1° Construire le rectangle D B C E ayant pour dimensions la hauteur D E et l'ouverture E C données ;

2° mener l'axe A X de la parabole en joignant les milieux de E C et D B ;

3° diviser A C et B C en un même nombre de parties égales, 4 par exemple ; par les points de division de A C, mener les parallèles à l'axe A X et joindre au point A les points de division de B C. Les intersections des droites aboutissant aux numéros correspondants sont des points de la courbe ; joindre les points obtenus et opérer de même à gauche de l'axe A X.

56. Exercice proposé. — Avec un tube de 10 mm tracer un serpentin plan tel que l'axe du tube soit une développante de cercle de diamètre 8 mm.

Planche 9. — PROJECTIONS D'UN POINT

1° Sur un plan.

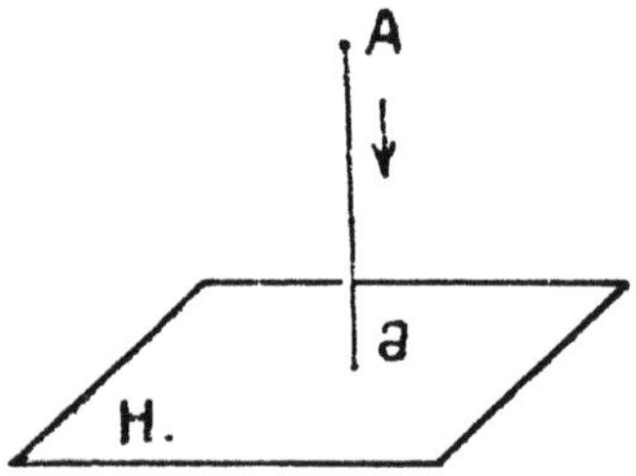

Fig. 72.

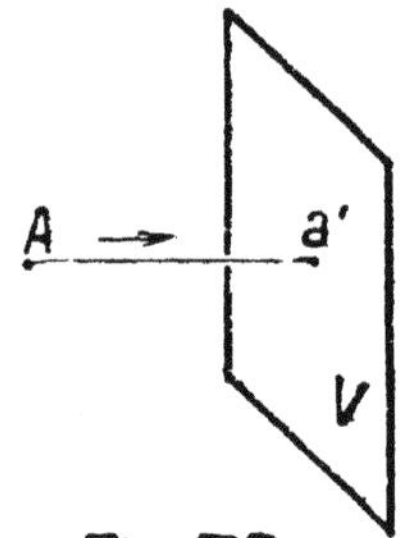

Fig. 73

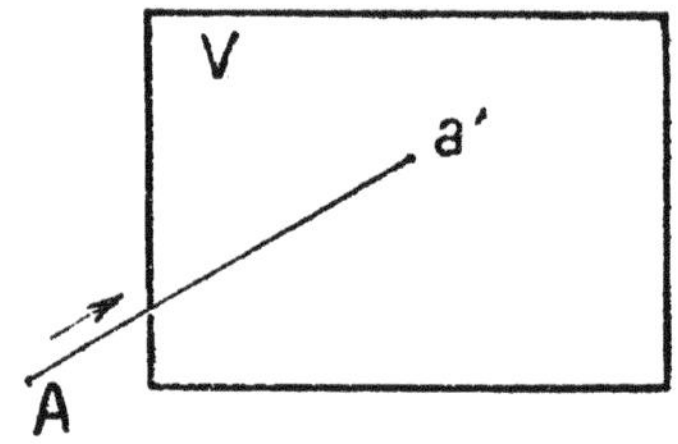

Fig. 74

2° Sur deux plans

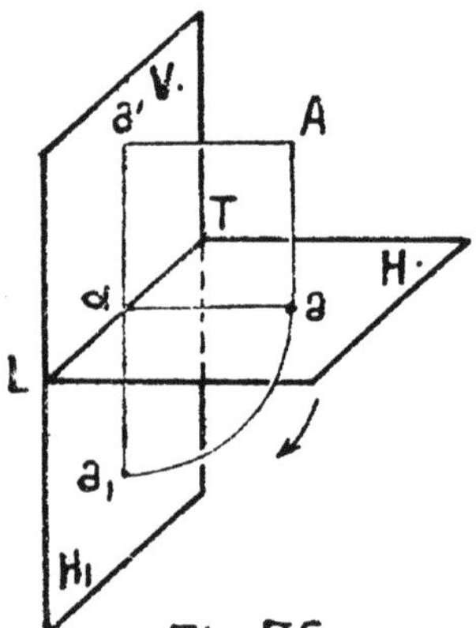

Fig. 75.

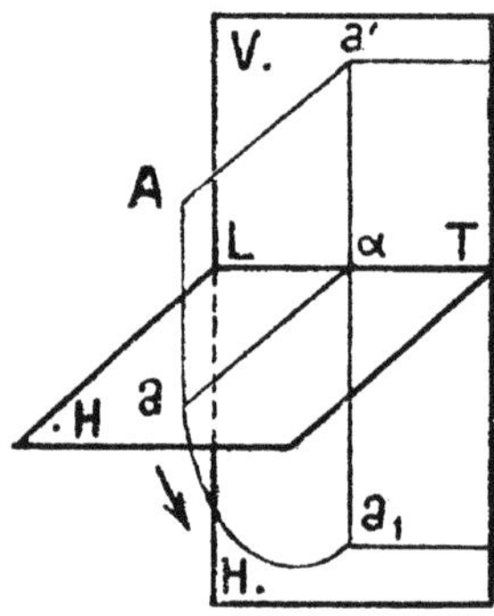

Fig. 76.

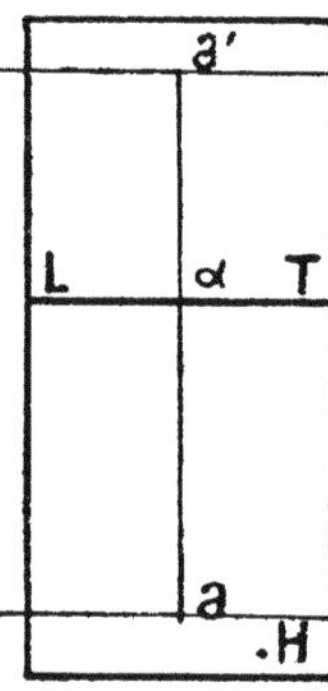

Fig. 77.

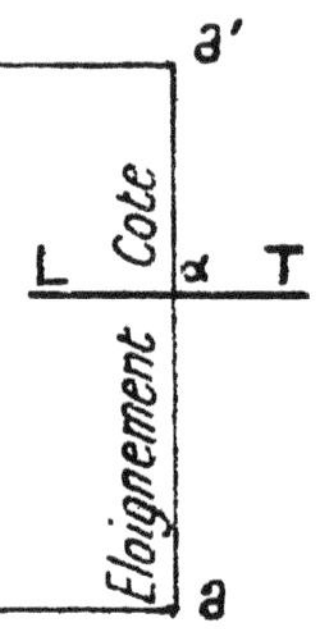

Fig. 78.

Quelques positions particulières du point

Point sur le plan V.

Point sur le plan H

(Cote nulle)

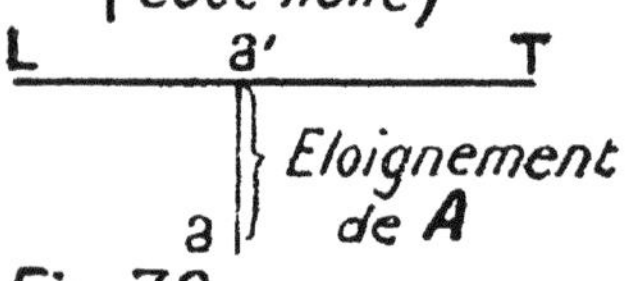

Fig. 79.

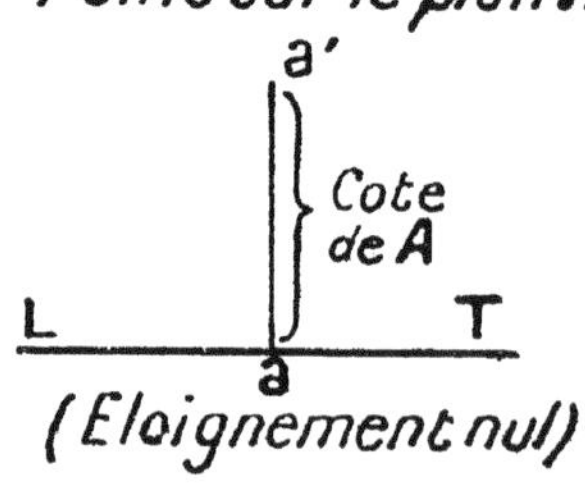

Fig. 80.

Point sur LT

(Cote nulle)

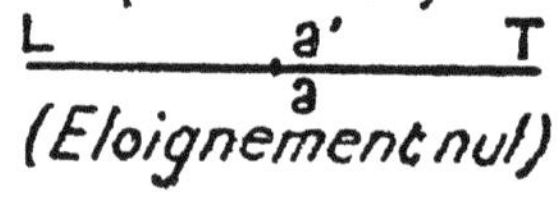

Fig. 81.

DEUXIÈME PARTIE

NOTIONS SUR LES PROJECTIONS ET DÉVELOPPEMENTS

Les éléments de cette partie seront étudiés à l'aide de trois planchettes articulées matérialisant les plans de projection et à l'aide de tiges métalliques figurant les projetantes.

PLANCHE 9

PROJECTIONS D'UN POINT

57. **Projection d'un point sur un plan.** — *La projection d'un point sur un plan est le pied de la perpendiculaire abaissée du point sur le plan.*

Ainsi la projection du point A sur le plan H est le point a (fig. 72) ; de même, le point a' est la projection de A sur le plan V (fig. 73 et 74). La perpendiculaire A a est appelée *projetante.*

58. **Nécessité de deux projections.** — Si, seule, la projection a est donnée (fig. 72), on sait que le point A se trouve sur la perpendiculaire menée par a au plan H ; mais on ignore à quelle hauteur. Une projection sur un plan vertical donnera cette hauteur.

59. **Projections sur deux plans.** — Soit le point A (fig. 75). Le projeter successivement sur le plan horizontal H et sur le plan vertical V, appelés plans de projection, dont l'intersection est la *ligne de terre* L T : a est la projection horizontale de A ; a' est sa projection verticale.

Par a et a' abaisser les perpendiculaires sur L T ; elles se coupent au point α.

60. **Rabattement sur un plan unique.** — Pour obtenir l'ensemble des deux projections a et a' sur un seul plan (tableau noir, planchette, etc.), rabattre le plan horizontal H autour de L T comme charnière (fig. 75) ; lorsqu'il est dans le prolongement du plan vertical V, les deux projections se trouvent sur la même perpendiculaire a' a_1 à L T.

La figure 76 indique la même opération qui fournit la figure 77. La figure 78, dans laquelle la limite des plans H et V est supprimée, est appelée *épure du point A* ou du point (a, a'). La droite a a' est la *ligne de rappel.*

La hauteur du point A au-dessus du plan horizontal est la *cote* de ce point ; dans les figures 75 et 76, c'est A $a = a' \alpha$; dans l'épure (fig. 78), c'est $a' \alpha$.

La distance de A au plan V est l'*éloignement* de ce point ; dans les figures 76 et 77, c'est A $a' = a \alpha = a_1 \alpha$; et dans l'épure, c'est $a \alpha$ (fig. 78).

61. **Diverses positions d'un point.** — 1° Si le point A est dans le plan H, sa cote est nulle ; sa projection verticale a' est donc sur L T (fig. 79).

2° Si le point A est dans le plan V, c'est l'éloignement qui est nul (fig. 80).

3° Si le point est sur L T, la cote et l'éloignement sont nuls (fig. 81).

62. Exercices proposés. — Dessiner l'épure : 1° d'un point dont la cote et l'éloignement sont égaux à 16 mm ; 2° d'un point dont la distance au plan H est double de sa distance au plan V.

Planche 10.

PROJECTIONS D'UNE DROITE

Droite quelconque

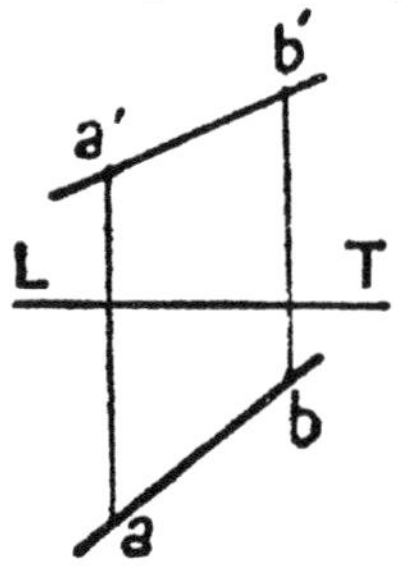

Fig. 82.

Horizontale

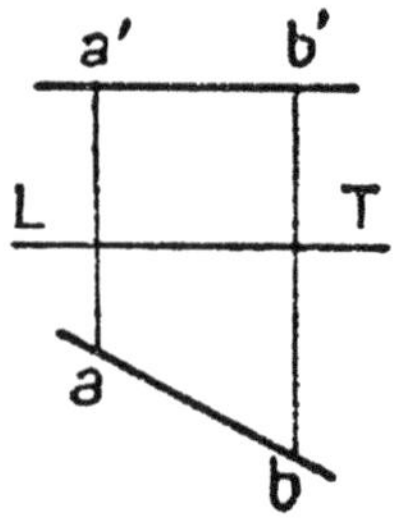

Fig. 83.

Frontale

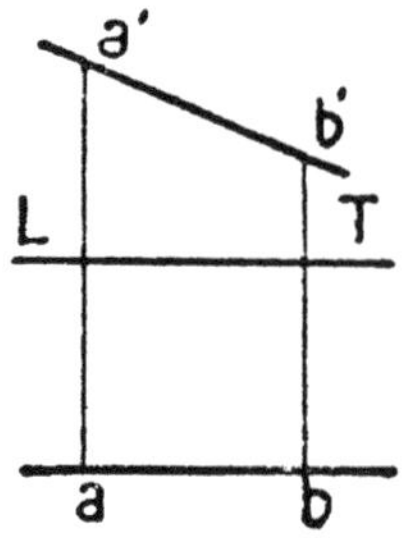

Fig. 84

Parallèle à LT

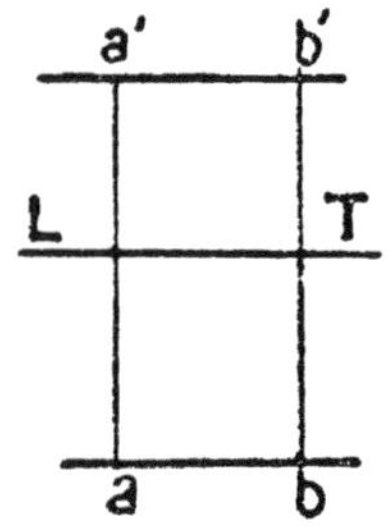

Fig. 85

Verticale

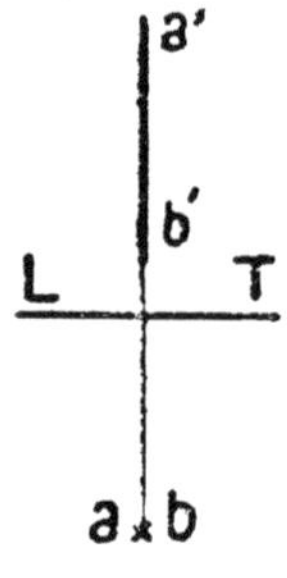

Fig. 86

Droite de bout

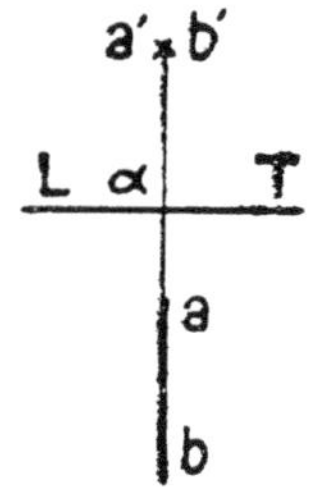

Fig. 87

Profil d'un point

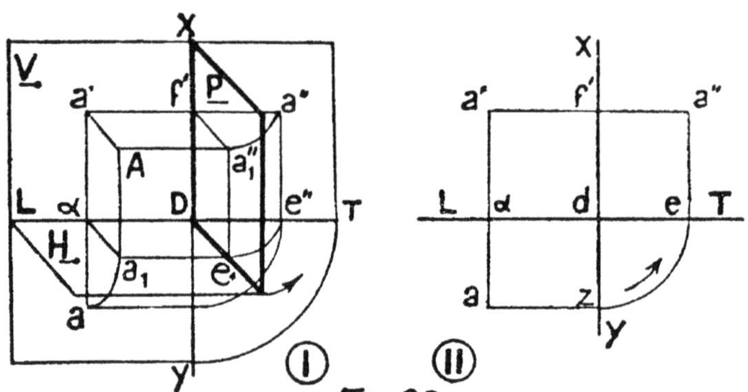

Fig 88

Profil d'une droite

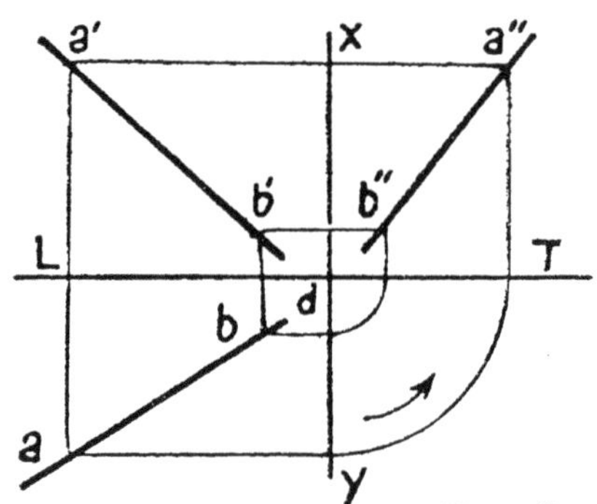

Fig. 89

Droite de profil

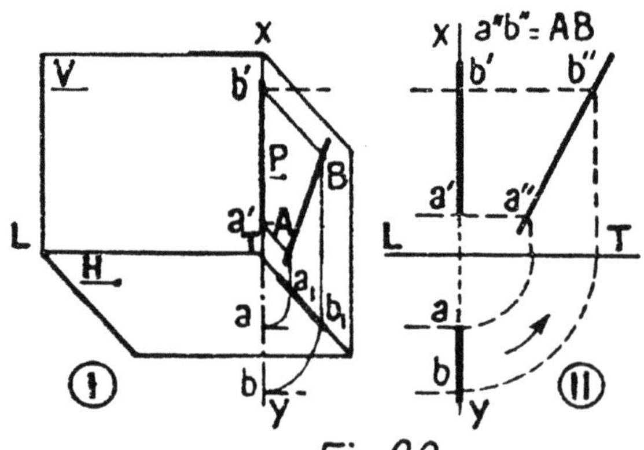

Fig. 90

Droites concourantes

Parallèles

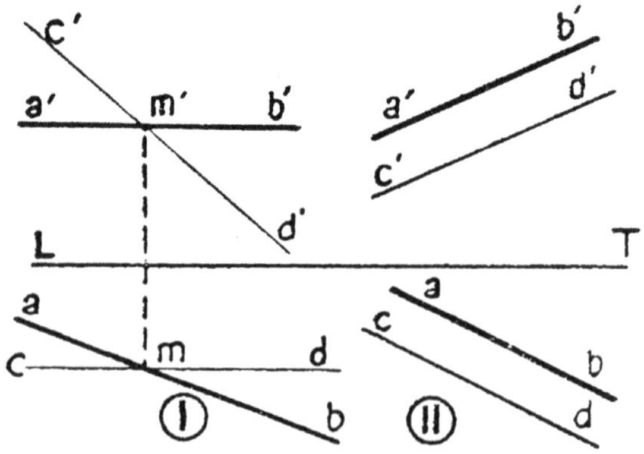

Fig. 91

PLANCHE 10

PROJECTIONS D'UNE DROITE

63. **Droite quelconque.** — *La projection d'une droite est la droite qui joint les projections de deux de ses points.*

La figure 82 donne l'épure d'une droite quelconque A B ou (*a b*, *a' b'*).

64. **Horizontale** (fig. 83). — Les cotes de tous les points d'une horizontale étant égales, la projection verticale *a' b'* est parallèle à L T.

La projection horizontale *a b* est la *vraie grandeur* du segment A B.

65. **Frontale** (fig. 84). — Les éloignements de tous les points d'une parallèle au plan V, ou *frontale*, étant égaux, sa projection horizontale *a b* est parallèle à L T.

La projection verticale *a'*, *b'* est la *vraie grandeur* du segment A B.

66. **Parallèle à L T** (fig. 85). — Les deux projections sont parallèles à L T.

67. **Verticale** (fig. 86). — Les projetantes de deux points A et B d'une verticale se confondent avec cette verticale ; donc, elles coupent le plan H au même point. Ainsi, la projection horizontale de la verticale A B est un point *a*, *b* ; sa projection verticale *a' b'* est perpendiculaire à L T.

68. **Droite de bout** (fig. 87). — Par analogie avec ce qui précède, on voit que la projection verticale d'une droite A B perpendiculaire au plan V, ou *droite de bout*, est le point *a'*, *b'* ; sa projection horizontale *a b* est perpendiculaire à L T.

69 a). **Profil d'un point.** — Un *plan de profil* P (fig. 88-I) est un plan perpendiculaire aux plans H et V, et, par suite, à leur intersection L T. (Dans une salle rectangulaire, le plancher figure le plan H ; le mur de face, le plan V ; les deux murs latéraux figurent les plans de profil).

Soit le point A ; sa projection sur le plan de profil P est a_1'' ; en rabattant P sur le plan V autour de XY comme charnière, a''_1 vient en a''. Dans l'épure (II), à l'aide d'un quart de cercle, porter l'éloignement $\alpha\, a = d\, z$ en $d\, e''$ et $f a''$, ce qui donne le profil a'' du point A.

b) **Profil d'une droite** (fig. 89). — Déterminer le profil de deux de ses points.

70. **Droite de profil.** — Une *droite de profil* est une droite située dans un plan de profil. Les deux projections *a b* et *a' b'* d'une droite de profil A B (fig. 90-I) sont perpendiculaires à L T ; le profil est $a''\, b''$, vraie grandeur de A B.

71 a) **Droites concourantes.** — Les projections de leur point d'intersection se trouvent sur la même ligne de rappel *m m'* (fig. 91-I).

b) **Droites parallèles.** — Les projections de même nom sont parallèles (fig. 91-II) ; (*ab*, *a'b'*) est parallèle à (*c d*, *c' d'*).

72. Exercices proposés. — 1. Représenter par leurs trois projections :

1° les droites représentées par les figures 82 à 87 ;

2° un segment de droite horizontale de longueur de 30 mm et de cote 20 mm sachant qu'il forme un angle de 45° avec le plan V ;

3° une droite du plan V, formant un angle de 60° avec le plan H ;

4° un segment de droite de profil de longueur 40 mm également incliné par rapport aux plans H et V.

2. Par un point donné (*a*, *a'*) mener une parallèle à une droite donnée (*c d*, *c' d'*).

Planche 11. — FIGURES PLANES ET CUBE

Triangle de front. Carré de front — *Carré de profil.* — *Cercle de front* — *Cercle vertical oblique au plan*

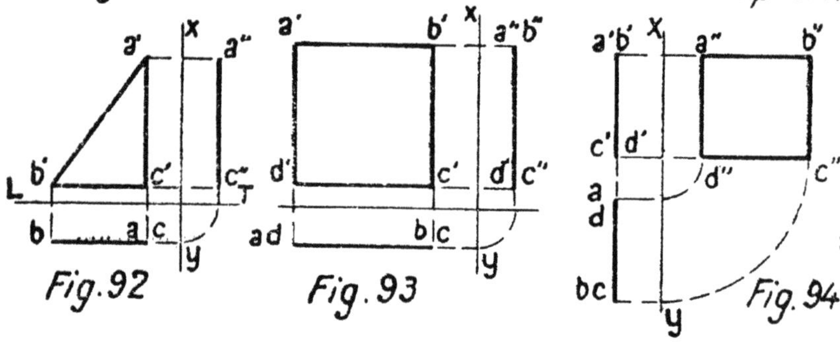

Fig. 92 — Fig. 93 — Fig. 94

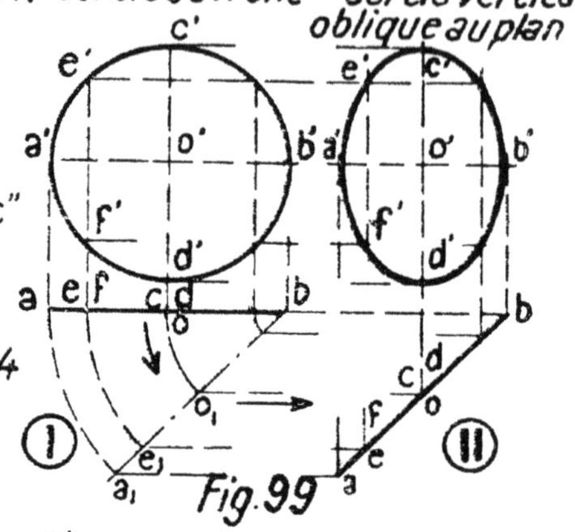

Fig. 99

Triangle horizontal — *Carré horizontal*

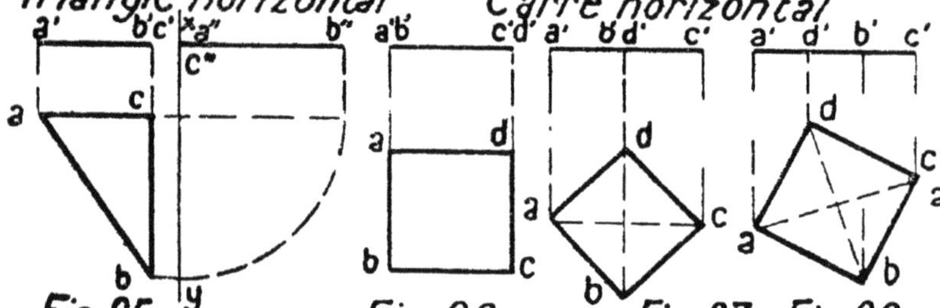

Fig. 95 — Fig. 96 — Fig. 97 — Fig. 98

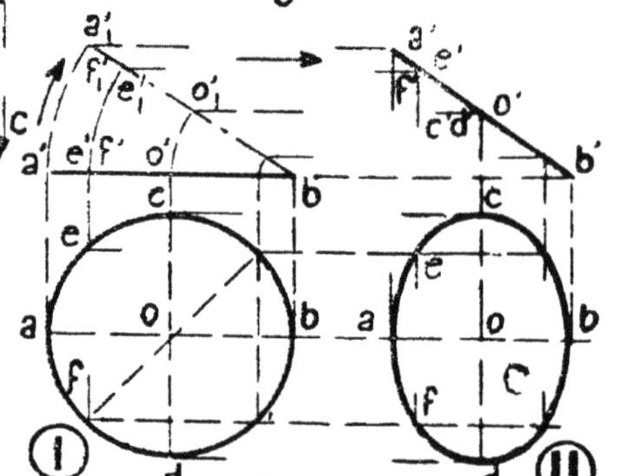

Fig. 100

Le cube

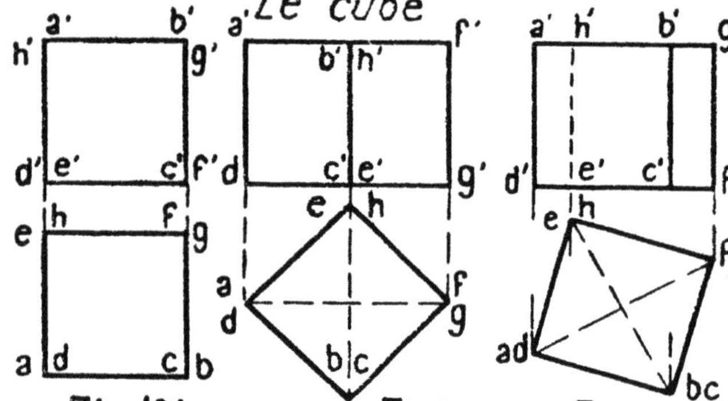

Fig. 101 — Fig. 102 — Fig. 103

Perspective du cube

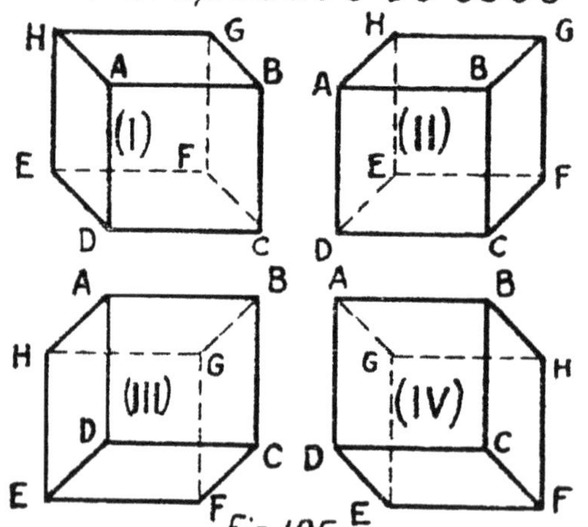

Fig. 105

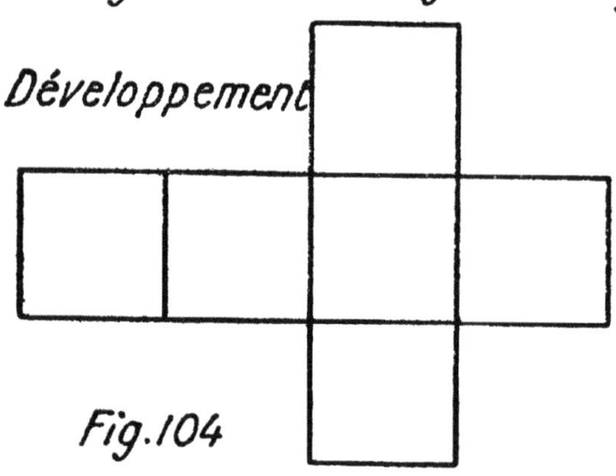

Fig. 104

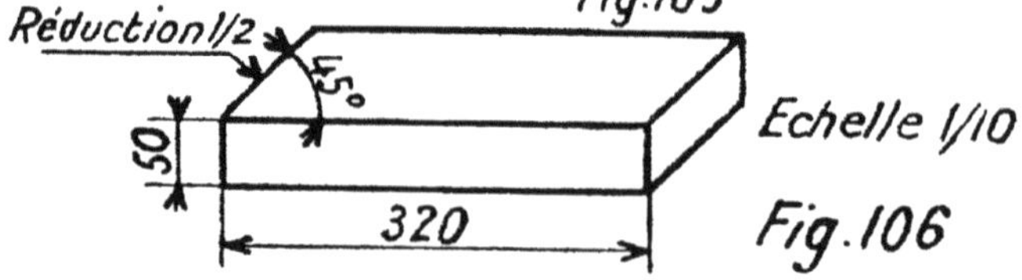

Fig. 106

PLANCHE 11

PROJECTIONS DES FIGURES PLANES

73. **Triangle de front** (fig. 92). — Les trois côtés étant de front, la projection horizontale est une droite *a c* parallèle à L T (§ 65) ; le profil *a″ c″* est également parallèle à *x y* ; enfin, la projection verticale *a′ b′ c′* est la *vraie grandeur* du triangle A B C.

Il en est de même pour le carré de front (fig. 93).

74. **Carré de profil** (fig. 94). — Le carré A B C D, étant de profil, se projette en vraie grandeur sur le plan de profil *x y* ; ses projections horizontale et verticale se réduisent à deux droites *a c* et *a′ c′* perpendiculaires à L T.

75. **Triangle horizontal** (fig. 95). — Les trois côtés étant horizontaux, la projection verticale est une droite *a′ c′* parallèle à L T (§ 64) ; il en est de même pour le profil *a″ b″*. La *projection horizontale a b c* est la *vraie grandeur* du triangle A B C.

76. **Carré horizontal.** — Dans la figure 96, le carré horizontal a deux côtés de front (A D et B C projetés suivant *a d* et *b c*).

Dans la figure 97, c'est l'une des diagonales, A C, qui est de front ; les côtés forment un angle de 45° avec le plan V.

Enfin, le carré de la figure 98 a les côtés et les diagonales obliques par rapport au plan V.

77. **Cercle de front** (fig. 99). — Analogie avec le carré de la figure 93.

78. **Cercle vertical oblique au plan V.** — L'épure de la figure 99 montre comment on passe du cercle de front à la position oblique au plan V. La projection horizontale est devenue oblique à L T et la projection verticale est devenue une *ellipse* que l'on construit, point par point, en partant du cercle : ainsi, le point (*e, e′*) de la figure 99-I donne le point (*e, e′*) de la figure 99-II.

79. **Cercle horizontal** (fig. 100-I) **et cercle de bout oblique au plan H.** (fig. 100-II). (Analogie avec le cas du § précédent.)

SOLIDES GÉOMÉTRIQUES

80. **Le cube.** — *a*) PROJECTIONS. — Le cube de la figure 101 repose par sa face C D E F sur le plan H ; sa face E F G H est parallèle au plan V. Celui de la figure 102 a ses quatre faces également inclinées par rapport au plan V (à 45°). Enfin, le cube de la figure 103 a ses faces verticales inégalement obliques au plan V.

b) **Développement.** — ***Développer un solide, c'est étendre, sans pli ni déchirure, sa surface sur un plan,*** de façon que le solide puisse être réalisé.

La figure 104 donne le développement du cube, facile à construire.

c) **Perspective cavalière.** — Pour construire la perspective cavalière du cube (fig. 105), placer l'une de ses faces A B C D de front, c'est-à-dire en vraie grandeur et par les quatre sommets de cette face, mener les obliques parallèles A H, B G, C F, D E (l'angle de pente varie entre 30 et 90°). Sur chacune de ces obliques qui sont les perspectives des arêtes de bout, porter une réduction de sa vraie longueur $\left(\frac{1}{2}, \frac{2}{3}, \frac{3}{4}\right)$; ainsi, $A\,H = \frac{AD}{2}$. Ces obliques, ou *fuyantes*, peuvent avoir quatre directions différentes, ainsi que le montrent les figures I, II, III et IV.

Dans un objet, certaines faces sont plus intéressantes que les autres ; choisir la direction des obliques de façon que ces faces soient vues ; le II, par exemple, permettra de montrer clairement les faces du haut et de droite ; c'est la disposition la plus employée.

La figure 106 représente un solide à six faces rectangulaires (parallélépipède rectangle).

81. EXERCICES PROPOSÉS. — 1. Représenter à trois projections :

1° un rectangle de front mesurant 30 × 20, dont les grands côtés sont horizontaux ;

2° un cercle vertical de diamètre 45 mm, faisant un angle de 60° avec le plan V.

2. Le parallélépipède rectangle (fig. 106) est représenté à l'échelle 1/10, avec un rapport de réduction des obliques égal à 1/2. Calculer la 3e dimension et construire les 3 projections du solide.

Planche 12. — DÉVELOPPEMENTS

I. Bassin à parois verticales

Projections

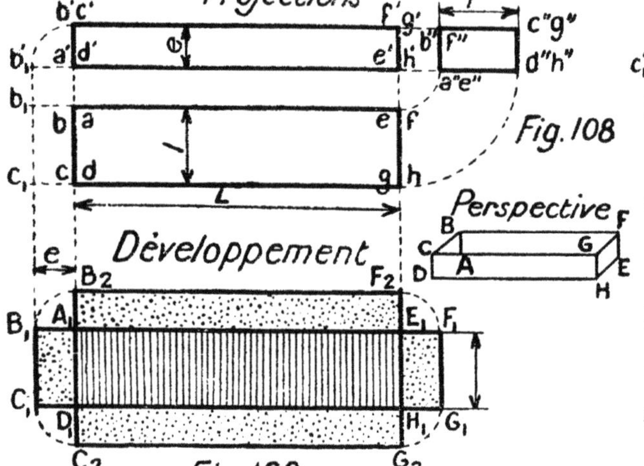

Fig. 108

Fig. 109

II. Bassin à parois obliques

Projections

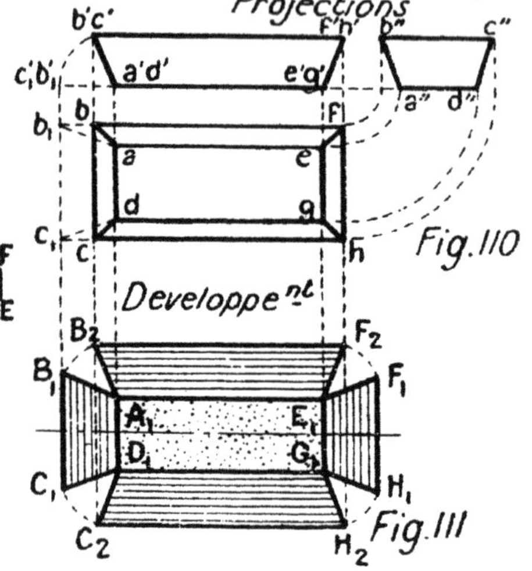

Fig. 110

Fig. 111

III Prisme droit

Projections

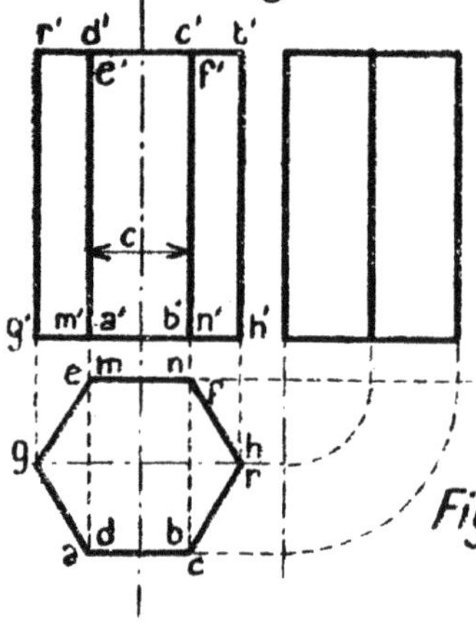

Fig. 112

Développement

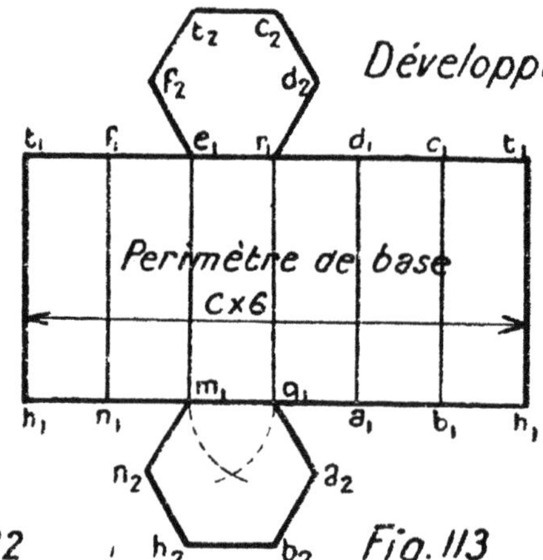

Fig. 113

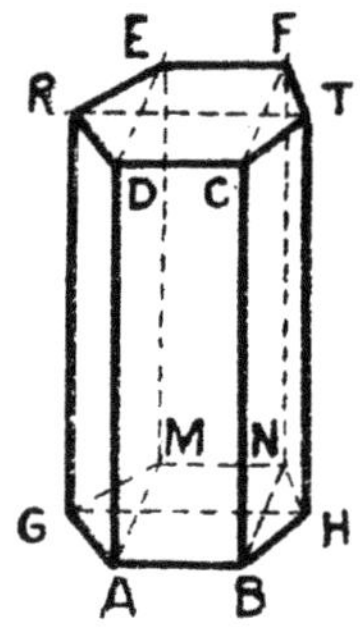

Perspective

Fig. 114

IV Cylindre

Projections

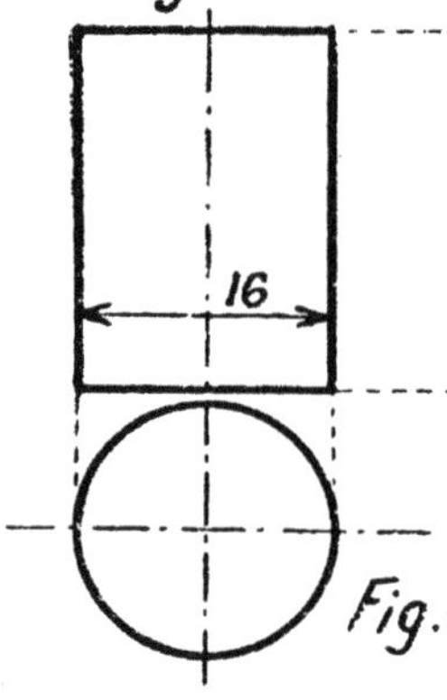

Fig. 115

Développement

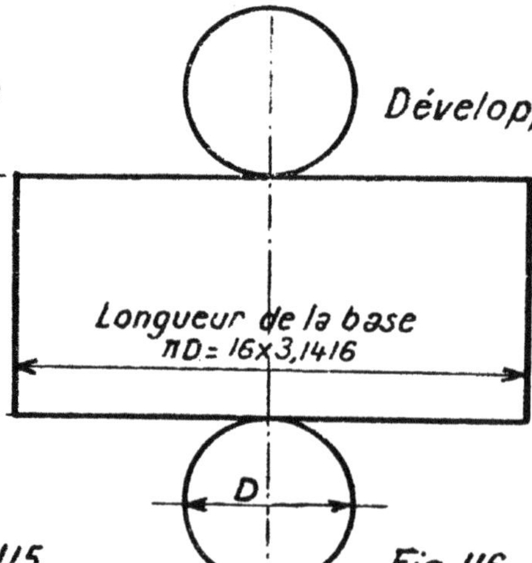

Fig. 116

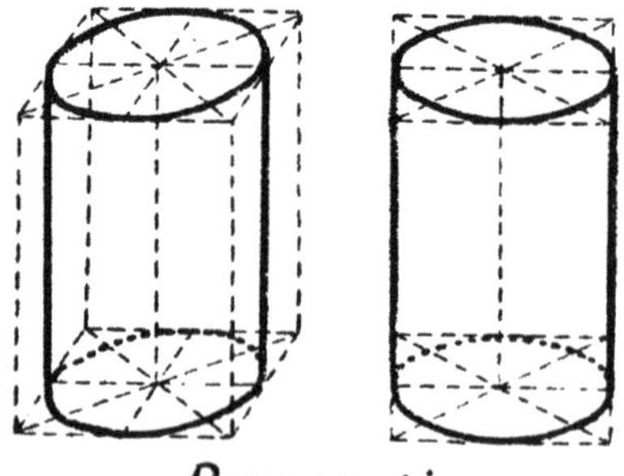

Perspectives

Fig. 117 et 118

PLANCHE 12

DÉVELOPPEMENTS

82. **Bassin rectangulaire à parois verticales.** — Un bassin dont la base et les faces latérales sont rectangulaires a la forme d'un *parallélépipède rectangle.*

Ses projections sont des rectangles (fig. 108).

Son développement se compose de cinq rectangles : le fond A_1 D_1 H_1 E_1 (fig. 109), les parois longitudinales A_1 B_2 F_2 E_1, C_2 D_1 H_1 G_2 et les deux bouts A_1 B_1 C_1 D_1, E_1 F_1 G_1 H_1.

(*Les hachures et le pointillé n'ont été placés sur les figures 109 et 111 que pour les rendre plus claires.*)

83. **Bassin rectangulaire à parois obliques.** — Lorsque les quatre faces d'un bassin rectangulaire sont obliques, ce bassin a la forme d'une *auge.*

Pour en déterminer les projections, tracer d'abord l'élévation et le profil ou vue en bout (fig. 110), et en déduire le plan.

Pour le développer, construire le fond rectangulaire A_1 E_1 G_1 D_1 (fig. 111), puis, le trapèze du bout en le rabattant en ab_1 c_1d, comme l'indique la figure 110. Ce trapèze a été reporté en A_1 B_1 C_1 D_1 (fig. 111). Opérer de même pour le second bout.

De ces deux trapèzes et du fond, déduire les deux parois longitudinales.

84. **Prisme droit.** — Le prisme droit à base hexagonale régulière (fig. 112) repose par l'une de ses bases sur le plan H ; deux de ses faces sont de front.

Les projections, le développement (fig. 113) et la perspective (fig. 114) se construisent facilement par analogie avec les tracés qui précèdent. Remarquer que la longueur du développement est égale au périmètre de la base, ou 6 fois le côté. Pour la perspective, tracer d'abord G H qu'on divisera en 4 parties égales.

85. **Cylindre droit.** — Le cylindre circulaire droit pouvant être considéré comme un prisme droit dont le nombre de faces est infini, les figures 115 à 118 s'obtiennent en opérant comme pour le prisme.

Pour tracer la perspective des cercles de base, tracer d'abord celle du carré circonscrit, mener les diagonales et joindre les milieux des côtés opposés ; en déduire l'ellipse.

Dans la figure 118, l'angle des fuyantes est de 90°.

86. Exercices proposés. — 1° Représenter à trois projections un parallélépipède rectangle mesurant 90 × 30 × 20 ; le développer.

2° D'après modèle en nature, représenter et développer un bassin dont la base est un parallélogramme et dont les quatre faces latérales rectangulaires sont perpendiculaires à la base (parallélépipède droit).

Planche 13. — DEVELOPPEMENTS

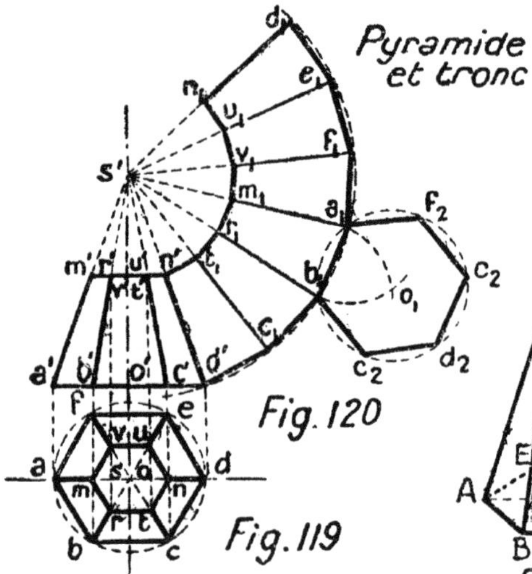

Fig. 120

Fig. 119

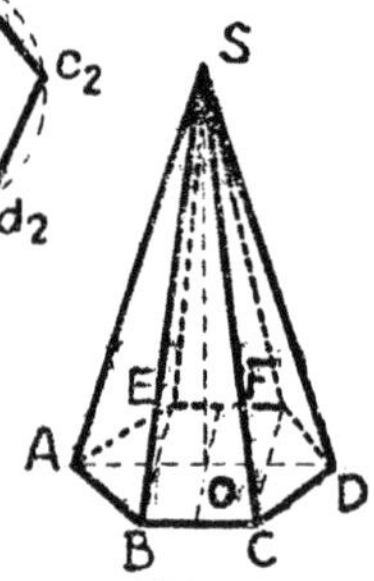

Fig. 121

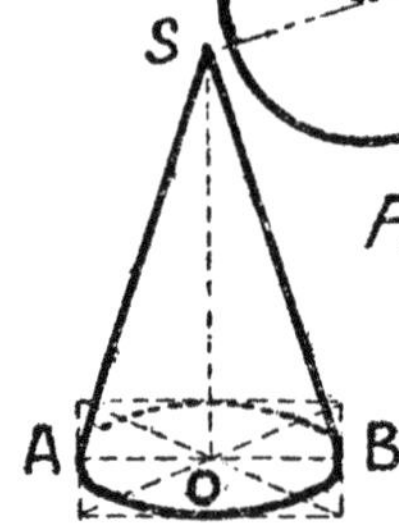

Fig. 124

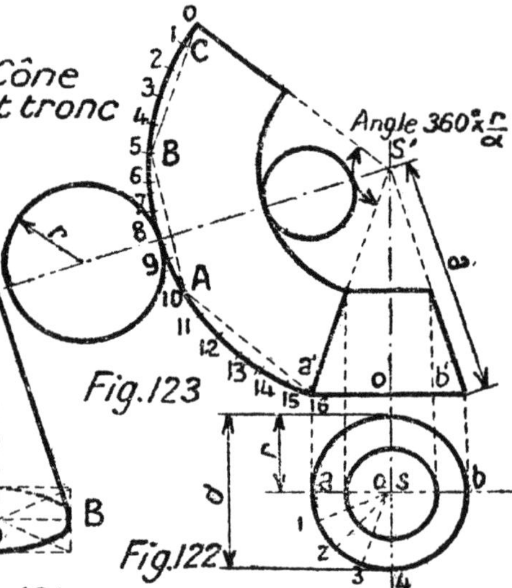

Fig. 123

Fig. 122

Tronc de cône de sommet éloigné

1er procédé

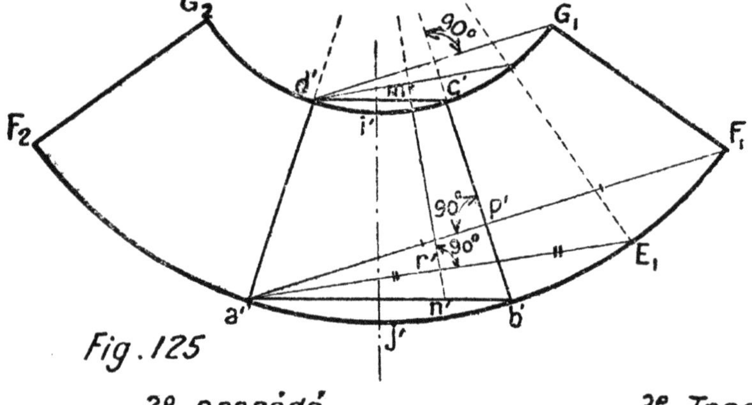

Fig. 125

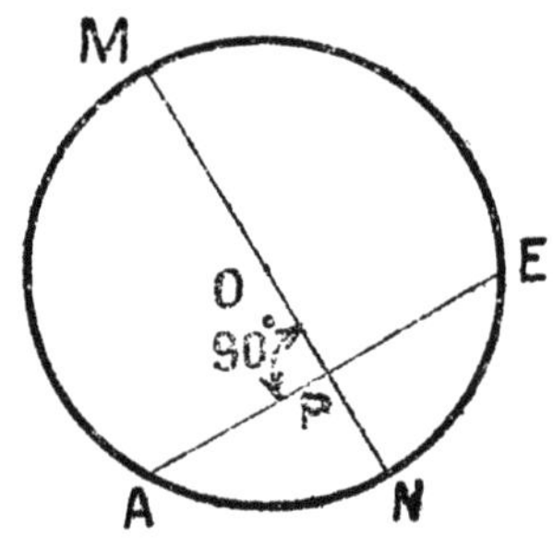

Fig. 126

2e procédé

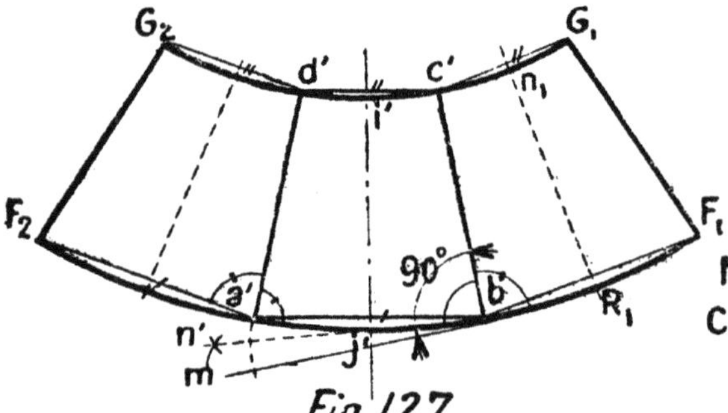

Fig. 127.

3e Tracé approché

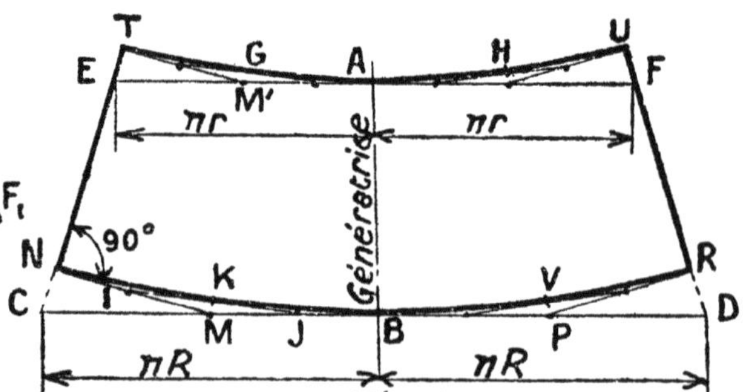

Fig. 128

PLANCHE 13

DÉVELOPPEMENTS (suite)

87. **Pyramide régulière.** — *a*) Projections. — La pyramide reposant par sa base hexagonale régulière sur le plan H, déterminer sa projection horizontale en traçant l'hexagone en vraie grandeur (fig. 119) et en joignant ses sommets à son centre *s* qui est la projection horizontale du sommet de la pyramide.

Par des lignes de rappel, déterminer la projection verticale de cette dernière.

Si l'on coupe le solide par un plan horizontal dont la projection verticale est m' n', on a un *tronc de pyramide* dont la petite base se projette horizontalement suivant l'hexagone *m r t n u v* obtenu en menant les lignes de rappel de la projection verticale.

b) Développement (fig. 120). — La surface latérale se compose de 6 triangles isocèles égaux, dont le côté est égal à s' d', projection verticale de l'arête de front SD.

De s' comme centre, avec s' d' pour rayon, décrire un arc ; porter sur cet arc six cordes égales au côté *a b* de la base, et joindre au point s' les points obtenus c_1, b_1, a_1, f_1, e_1, d_1. (*Bien retenir que cette méthode n'est applicable que si l'arête est de front.*)

Opérer de même pour la petite pyramide et l'on a le développement du tronc, composé de 6 trapèzes isocèles égaux. On peut y ajouter la base a_1 f_2 e_2 d_2 c_2 b_1.

c) Perspective (fig. 121). — Tracer la perspective de la base en partant de la diagonale de front A D, prendre le milieu O de A D et, sur la perpendiculaire à A D, porter la longueur O S égale à la hauteur o' s' de la pyramide.

88. **Cône circulaire droit.** — *a*) Projections. — Par analogie avec la pyramide, déterminer les projections du cône et du tronc de cône (fig. 122).

b) Développement. — 1er Procédé : Diviser la circonférence de base en 16 parties égales (il suffit de diviser son quart en 4), et porter 16 fois l'une de ces divisions sur l'arc de centre s' et de rayon s' a' (fig. 123). Ce tracé n'est qu'approximatif, car des cordes égales ne sous-tendent pas des arcs égaux dans deux circonférences inégales.

2e Procédé : Sur la circonférence de centre s' et de rayon s' a', porter trois cordes égales au diamètre de la base a' A = A B = B C. Ce tracé n'est rigoureusement exact que lorsque la projection verticale a' s' b' est un triangle équilatéral ; dans ce cas, le développement est un demi-cercle.

3e Procédé : Construire, à l'aide du rapporteur, l'angle a' s' C $= 360^{\circ} \times \frac{r}{a}$.

Ainsi, dans le cas où $r = \frac{a}{3}$, il suffit de prendre 120°, c'est-à-dire le tiers de la circonférence.

Le développement du tronc de cône se déduit facilement de celui du cône.

Planche 14. — DÉVELOPPEMENTS PAR TRIANGULATION

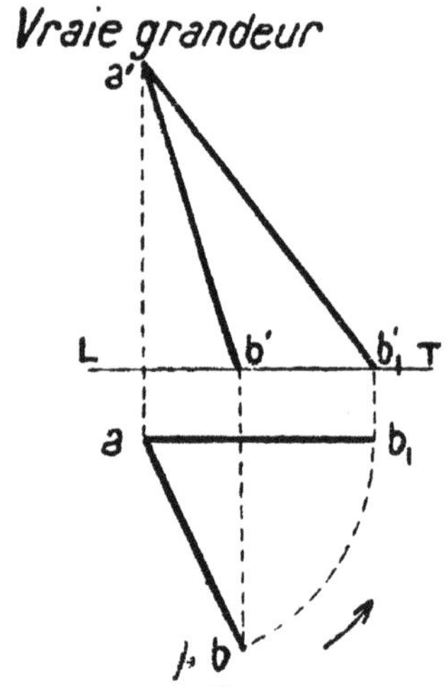

Fig. 129

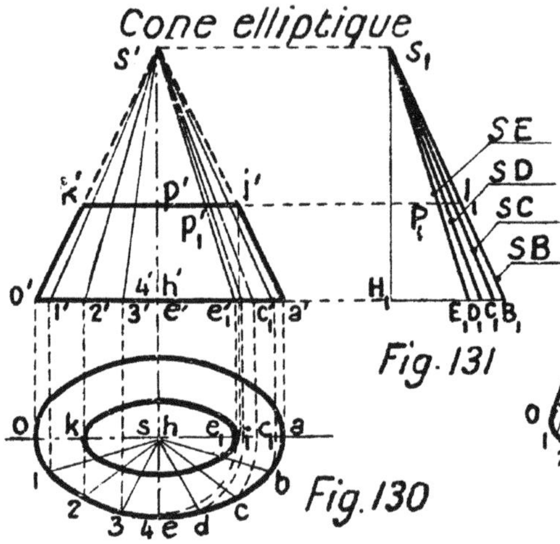

Fig. 130

Fig. 131

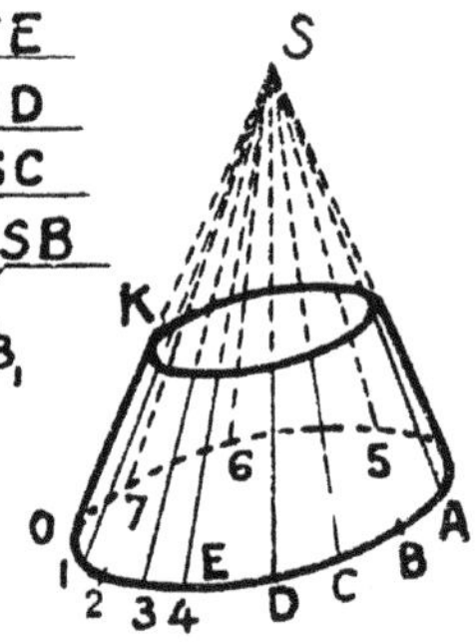

Fig. 132

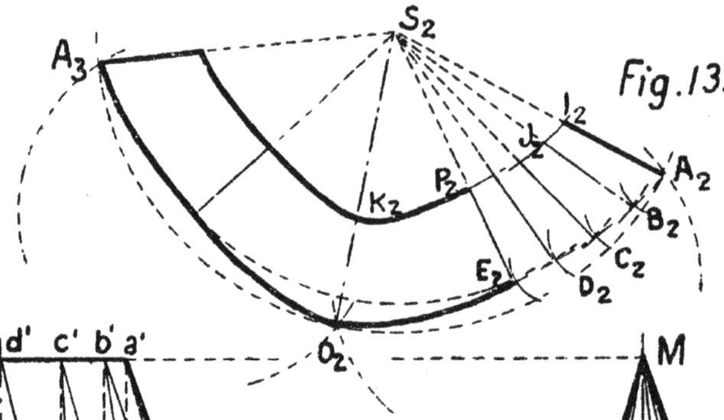

Fig. 133

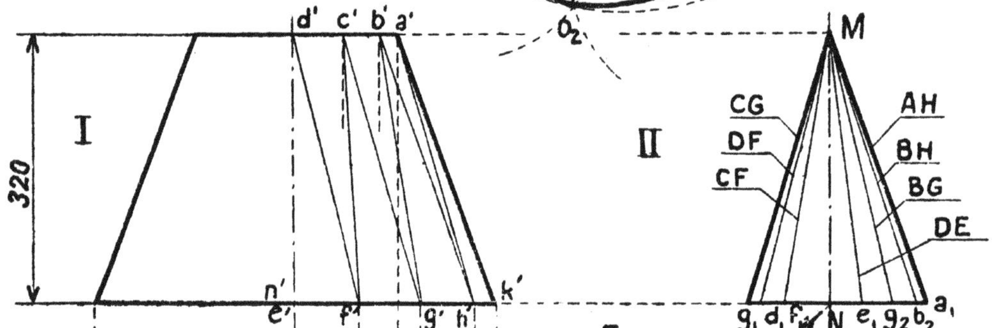

Fig. 135

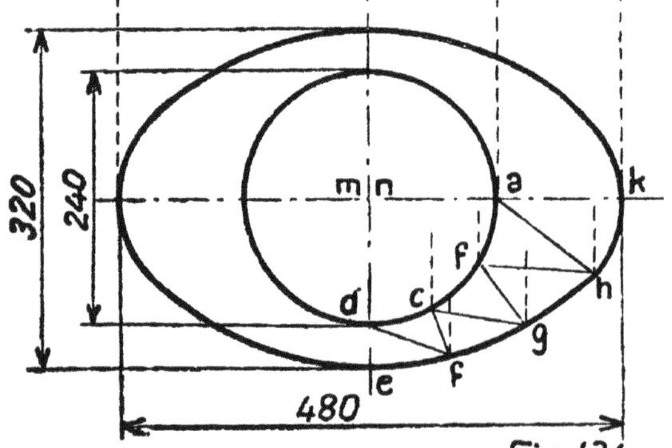

Fig. 134

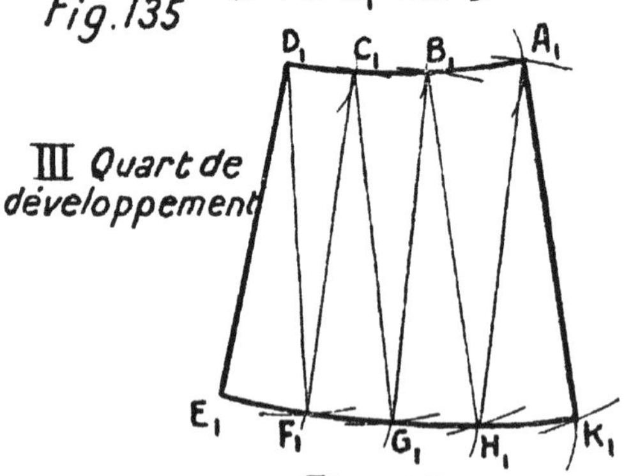

Fig. 136

c) Perspective (fig. 124). — Tracer l'ellipse, perspective de la base ; puis, tracer l'axe, porter la hauteur O S et mener les tangentes S A et S B à l'ellipse.

***89.* Tronc de cône de sommet très éloigné.** — Dans l'exécution des viroles, le sommet du tronc de cône à construire se trouve souvent en dehors de la tôle sur laquelle doit être tracé le développement.

Par suite, les procédés de développement qui viennent d'être indiqués ne sont plus applicables. On emploie l'un des tracés suivants.

1er Procédé. — Soit *a' b' c' d'* l'élévation du tronc de cône à développer (fig. 125).

Dans une circonférence O (fig. 126), toute corde A E perpendiculaire à un diamètre M N est partagée par ce diamètre en deux parties égales : A P = P E.

Or, la droite *b' c'* est un rayon de l'arc de circonférence développement de la grande base. En abaissant la perpendiculaire *a' p'* sur *c' b'* et en la prolongeant d'une longueur *p'* F_1 égale à *a' p'*, on aura donc un point F_1 de ce développement.

Déterminer de même le point E_1 à l'aide du rayon *m' n'* qui joint les points *m'*, *n'* situés au quart de *d' c'* et *a' b'*, et ainsi de suite. Joindre de F_2 à F_1 les points ainsi obtenus et opérer de même de G_2 à G_1 pour la petite base.

2e Procédé (fig. 127). — Mener la perpendiculaire *b' m* à *c' b'* et, ensuite la bissectrice *b' n'* de l'angle *a' b' m*. Cette bissectrice coupe l'axe en un point *j'* qui appartient au développement de la grande base.

Porter la longueur *b' c'* en *j' i'*, puis, construire les deux trapèzes *b' c'* G_1 F_1 et *a' d'* G_2 F_2 égaux à la projection *a' b' c' d'*, ce qui donne les points F_1, G_1 et leurs symétriques F_2, G_2.

3e Procédé (*Tracé rapide*) (fig. 128). — Sur une droite A B, de longueur égale à celle de la génératrice du tronc de cône, mener les perpendiculaires C D et E F, et porter B C = B D = π R, A E = A F = πr (R et *r* étant les rayons des bases du tronc de cône). Mener C E et D F ; puis, du milieu M de C B, abaisser la perpendiculaire M N sur C E ; joindre le milieu I de M N au milieu J de M B et prendre le milieu K de I J. Opérer de même à droite de l'axe A B et joindre les points N, K, B, V et R ; la courbe ainsi tracée est le développement approché de la grande base. Déterminer la petite base par le même procédé.

90. Exercices proposés. — 1° Représenter et développer un tronc de cône de hauteur 30 mm et dont les diamètres des bases sont de 450 et 150 mm.

2° Même problème pour un cône de hauteur 40 mm et dont les diamètres des bases sont 450 et 360 mm.

PLANCHE 14

DÉVELOPPEMENTS PAR TRIANGULATION

91. **Vraie grandeur d'un segment de droite.** — Pour trouver la vraie longueur d'un segment de droite tel que (*a b*, *a' b'*) (fig. 129), il faut le rendre de front en faisant tourner sa projection horizontale *a b* jusqu'à ce qu'elle soit parallèle à L T ; $a'\ b'_1$ est la vraie longueur cherchée.

92. **Développement d'un cône elliptique.** — Pour développer la surface latérale d'un cône à base elliptique (fig. 130), remplacer cette surface par un nombre suffisant de triangles, 16 par exemple, et construire successivement ces triangles après avoir déterminé comme il suit les vraies longueurs de leurs côtés :

1° Diviser la demi-base *o e a* en 8 parties et joindre les points de division au point *s* ; les droites ainsi menées sont les projections horizontales des génératrices du cône ; par des lignes de rappel, on en déduit les projections verticales *o' s'*, *1' s'* *2' s'*... (Dans la figure 130, ces dernières n'ont été tracées qu'à gauche de l'axe.)

2° Déterminer les vraies grandeurs de ces génératrices en les rendant de front ; ainsi, la vraie grandeur de (*s c*, *s' c'*) est obtenue en $s'\ c'_1$..... Remarquer que $s'\ c'_1$ est l'hypoténuse d'un triangle rectangle dont l'un des côtés est la hauteur *s' h'* du cône (fig. 130) reportée en $S_1\ H_1$ (fig. 131) et dont le second côté de l'angle droit est $h'\ c'_1$ ou *h c* reporté en $H_1\ C_1$.

Opérer de même pour toutes les génératrices en portant leurs projections horizontales *h e* en $H_1\ E_1$, *h d* en $H_1\ D_1$, *h b* en $H_1 B_1$. La vraie grandeur de S A est *s' a'*.

3° Construire le triangle S A B en $S_2\ A_2\ B_2$ (fig. 133) en portant au compas $S_2\ A_2$ égal à *s' a'*, $A_2\ B_2$ égal à *ab* et $S_2\ B_2$ égal à $S_1\ B_1$.

Opérer de même pour les 3 triangles consécutifs.

Le quart du développement étant ainsi construit en $S_2\ A_2\ E_2$, en déduire le quart symétrique $S_2\ E_2\ O_2$, par rotation autour de $S_2\ E_2$ et la seconde moitié $S_2\ A_2\ O_3$ par rotation autour de $S_2\ O_2$.

93. **Tronc de cône à bases de nature différente.** — Soit un tronc de cône dont la grande base est une ellipse (fig. 134) et la petite base, une circonférence dont le plan est parallèle à celui de l'ellipse.

Décomposer la surface latérale en un nombre suffisant de parties triangulaires, et construire ces triangles (fig. 136), après avoir déterminé (fig. 135) les vraies grandeurs de leurs côtés, comme dans le cas du § 92.

(*La figure 136 ne donne qu'un quart du développement ; compléter ce dernier.*)

94. Exercice proposé. — Construire le développement du tronc de cône obtenu en coupant le cône elliptique (fig. 130) par un plan horizontal non parallèle à la base.

TROISIÈME PARTIE

CROQUIS COTÉS ET ÉPURES

I. Les principes et conventions contenus dans cette partie doivent être observés ponctuellement.

II. Tous les croquis cotés seront faits d'après nature ou imaginés par les élèves. Ceux du présent ouvrage sont donnés à titre d'indication et comme exercices de lecture.

---

95. **Définitions.** — ***L'ensemble des projections*** (à main levée) ***d'un organe, avec les cotes et les renseignements utiles à l'exécution de cet organe à l'atelier,*** porte le nom de *croquis coté.*

La reproduction du croquis coté, à l'aide des instruments d'usage, en vraie grandeur ou à l'échelle, constitue le *dessin* proprement dit.

La projection verticale est appelée *élévation* ou *vue de face* ; la projection horizontale, *vue de dessus* ; le profil, *vue de gauche* s'il est placé à droite de l'élévation et *vue de droite* s'il est placé à gauche. On y ajoute, parfois, la *vue de dessous* et la *vue d'arrière.*

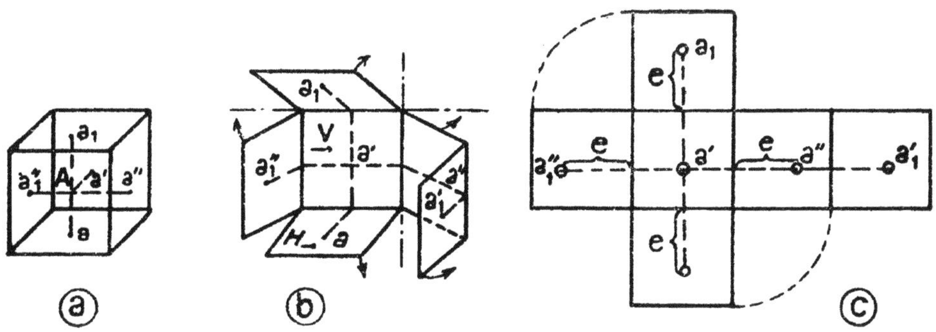

En somme, la pièce étant supposée placée à l'intérieur d'un cube, est projetée sur les six faces de ce cube (fig. *a*). Sur la face arrière, qui est le plan de projection V, sont ensuite rabattues les cinq autres faces (fig. *b* et *c*).

Pratiquement, on réduit au minimum le nombre de vues. L'élévation peut même suffire à elle seule si elle donne, sans ambiguïté, toutes formes et cotes utiles.

96. **Cotation.** — Les cotes devant permettre à l'ouvrier de réaliser l'organe représenté, *un croquis mal coté n'a aucune valeur.* L'unité employée est le millimètre.

Inscrire d'abord les cotes principales (cotes d'axes, cotes d'encombrement (1). Répartir les cotes entre les diverses vues en évitant les répétitions et les cotes inutiles ; autant que possible, les placer en dehors des vues, les cotes partielles étant les plus rapprochées des vues (pl. 15).

Observation. — Lorsque l'organe est représenté en pièces séparées, les *coter une à une* et complètement, en reproduisant sur les diverses pièces les cotes identiques, par exemple, le diamètre d'un rivet et celui de son logement.

(1) En ce qui concerne les dessins de mécanique, le Comité de Normalisation a recommandé pour les lignes de cotes le trait continu fin et pour les cotes, des chiffres de grosseur uniforme sans déliés.

Planche 15. — DESSINS COTES

I *Tas (Ech : 1/1)*

Elévation

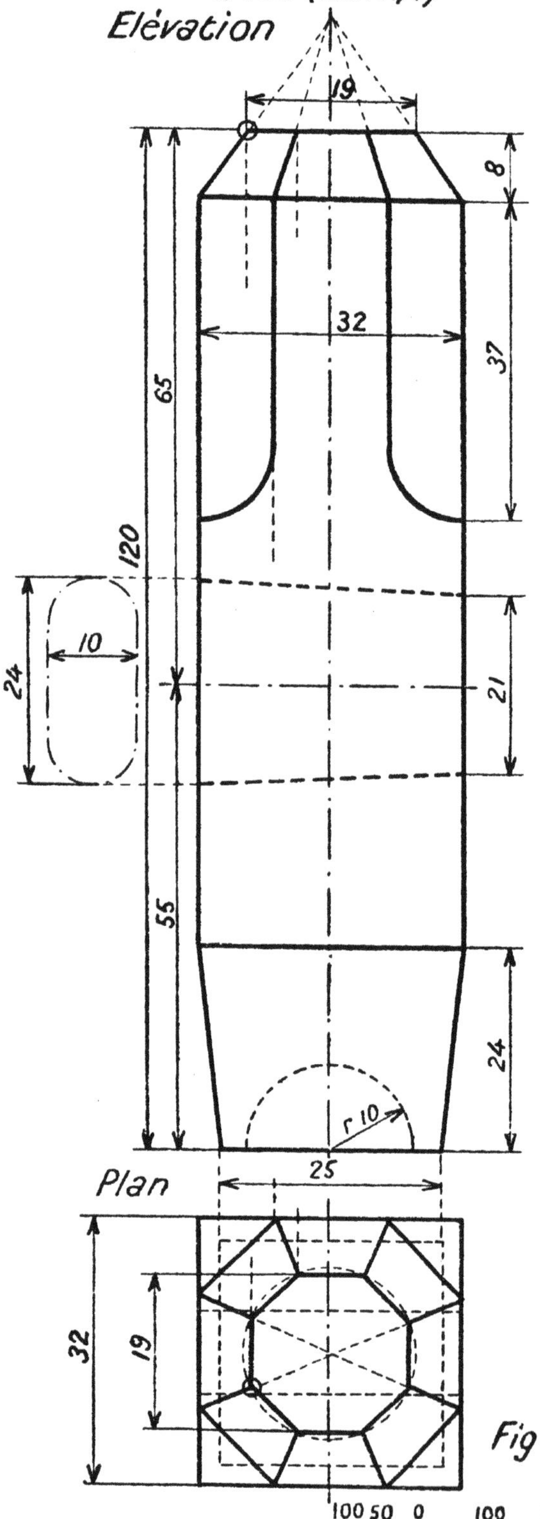

Fig : 137

II *Bassin conique. (Ech. 0,08)*

Elévation.

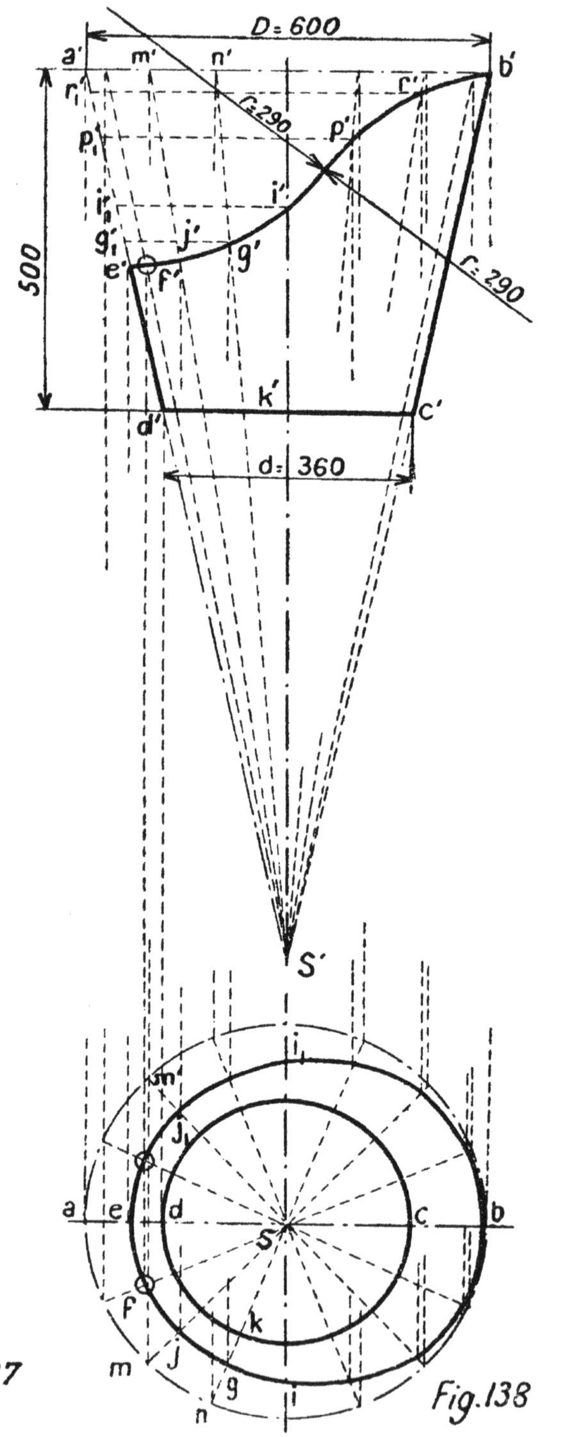

Fig. 138

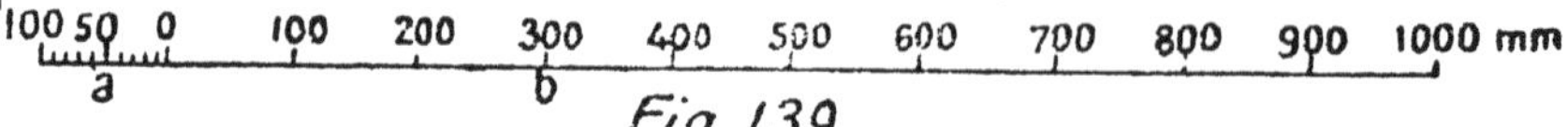

Fig. 139

PLANCHE 15. — *DESSINS COTÉS*

97. **Tas à river.** — Le dessin du tas représenté ci-contre (fig. 137) comprend un plan et une élévation dont le tracé est l'application de la représentation du prisme et de la pyramide (pl. 12 et 13). Tracer d'abord le plan et en déduire l'élévation.

98. **Bassin conique.** — 1° Connaissant les diamètres des deux bases et la hauteur du tronc de cône, construire sa projection verticale a' b' c' d' (fig. 138) et, en prolongeant a' d' et b' c', déterminer la projection s' du sommet du cône ; puis, tracer la projection horizontale du tronc du cône.

2° Diviser la base du cône en 16 parties égales et mener les génératrices des points de division ; considérer chacune d'elles et déterminer son intersection avec la courbe projetée en e' i' b' : ainsi, m' s' coupe e' i' b' au point j' ; d'où l'on déduit j sur m s. La courbe qui joint les points e, f, g,... est la projection horizontale du bord supérieur du bassin.

99. **Construction d'une échelle.** — Le dessin du bassin (fig. 138) est à l'échelle 0,08. Pour construire cette échelle, multiplier 100 mm par 0,08, soit 8 mm, et porter sur une droite, à partir d'un point 0 et vers la droite (fig. 139), *sans déplacer le double-décimètre*, les longueurs 8, 16, 24, 32 mm..., c'est-à-dire les multiples de 8 mm ; inscrire au point correspondant à 8 mm, le nombre 100 ; au point correspondant à 16 mm, le nombre 200, etc.

Porter l'une de ces centaines de millimètres de 0 vers la gauche (8 mm au double-décimètre) et la diviser en 10 ; chaque petite division représentera donc 10 mm.

Usage de l'échelle. — Pour porter 360 mm, par exemple, relever au compas la distance a b.

100. Remarques. — 1° On désigne parfois par *échelle* $\frac{1}{1}$ la grandeur d'exécution (fig. 137).

2° Les dessins doivent être exécutés, soit en grandeur d'exécution, soit à la plus grande échelle possible.

101. Exercices proposés. — 1. Construire les échelles $\frac{1}{2}$, $\frac{3}{4}$, $\frac{4}{5}$. (Sur ces échelles relativement grandes, c'est 10 mm et non pas 100 mm qu'il faut multiplier par l'échelle pour obtenir la division principale 10 mm.)

2. Développer le bassin représenté par la figure 138. (*Après avoir développé le tronc de cône complet avec ses 16 génératrices, porter sur chacune d'elles la vraie longueur de la portion comprise entre les deux bords : cette vraie grandeur se détermine sur* s' a' *en rendant la génératrice de front : ainsi, la vraie grandeur de* (g k, g' k') *est* g'_1d'.

PLANCHES 16, 17 et 18. — *COUPES*

102. L'élévation, le plan et le profil ne suffisent pas toujours. Lorsque l'objet présente des parties intéressantes, pour les montrer clairement, on pratique des *coupes*.

Le tracé des coupes est basé sur les conventions suivantes généralement adoptées.

103. Principe. — Le dessin d'une coupe comprend :

1° **la section** de l'objet par le plan sécant ; cette section porte des hachures équidistantes inclinées à 60 ou 30° dans les dessins de mécanique (normalisation) ; la trace du plan sécant est un trait mixte à tirets plus courts et plus gros que les traits d'axes ordinaires (pl. 16) ;

2° **la projection** des parties de l'objet situées au-dessous ou en arrière du plan de coupe.

On suppose donc que la partie de l'organe située au-dessus ou en avant du plan sécant a été enlevée (pl. 17). Quelquefois, cependant, cette dernière est représentée en trait rouge continu ou en trait mixte noir.

104. Application. — Les deux modèles de la planche 16 sont faciles à exécuter en bois ou en plâtre. En effectuant les diverses coupes indiquées, les élèves s'exerceront à la représentation des coupes dans toutes les positions possibles (*Exercice recommandé*).

Planche 16.

COUPES (Fig. 140 et 141)

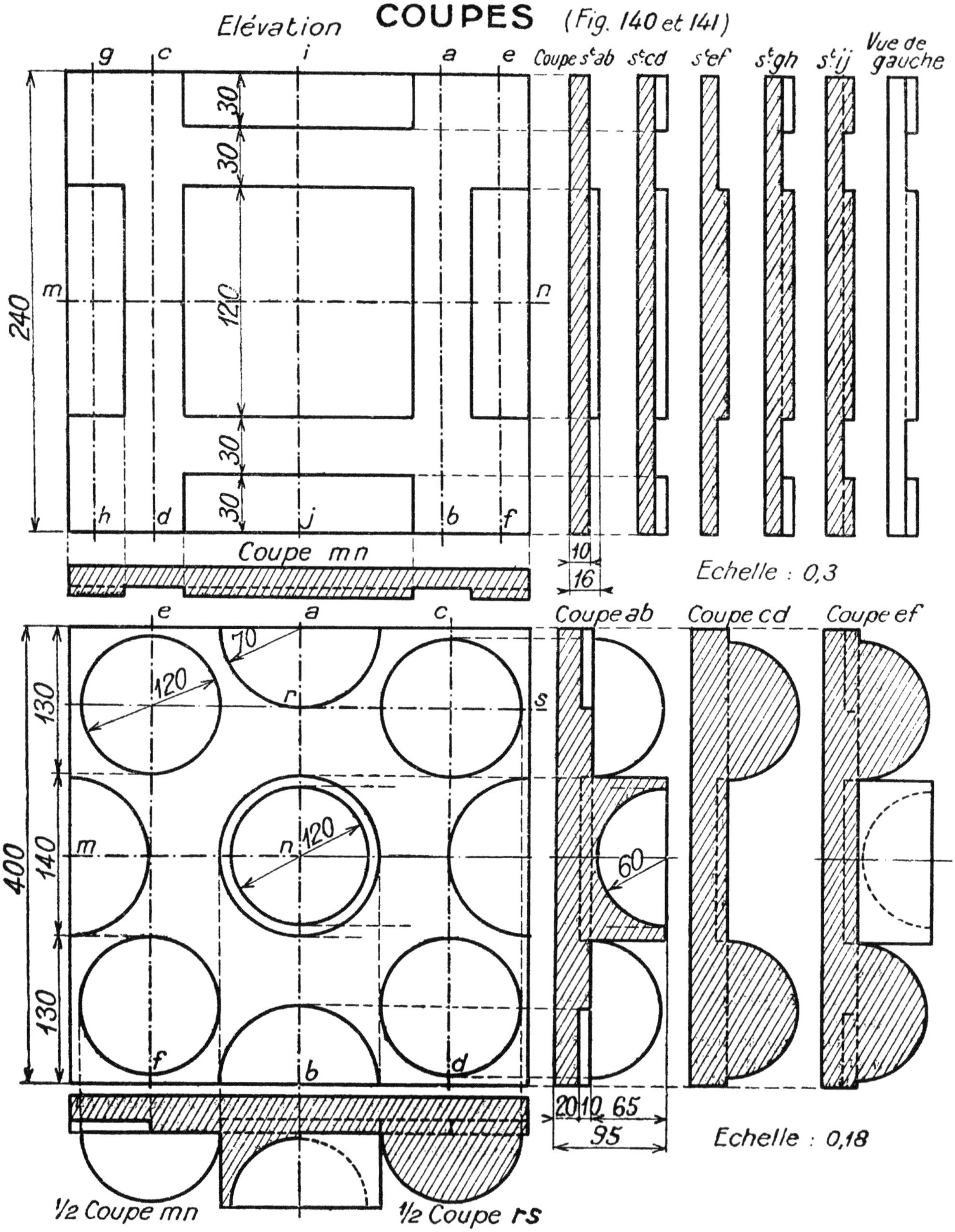

Planche 17.

PERSPECTIVES EXPLICATIVES

Coupes verticales

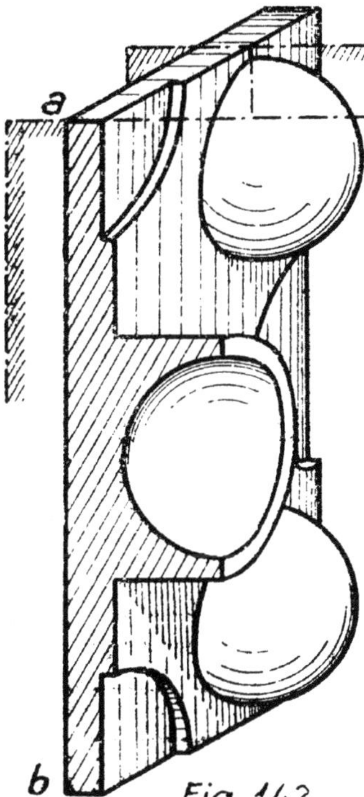

Fig. 142

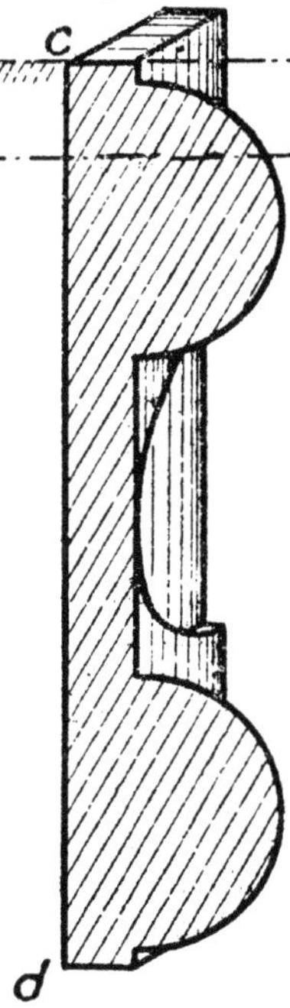

Fig. 143

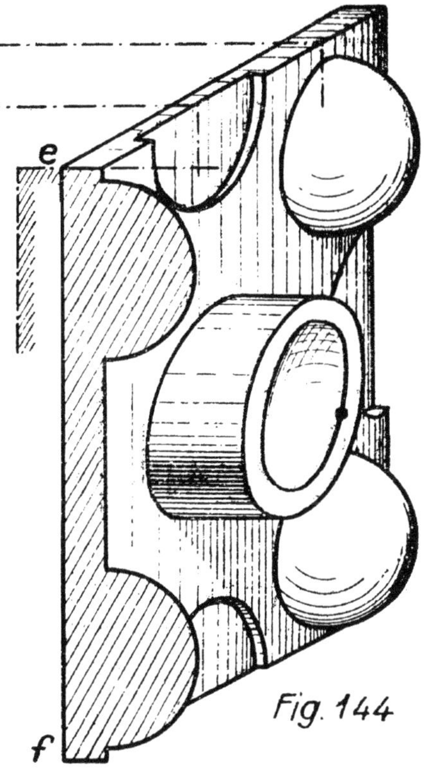

Fig. 144

Coupes horizontales

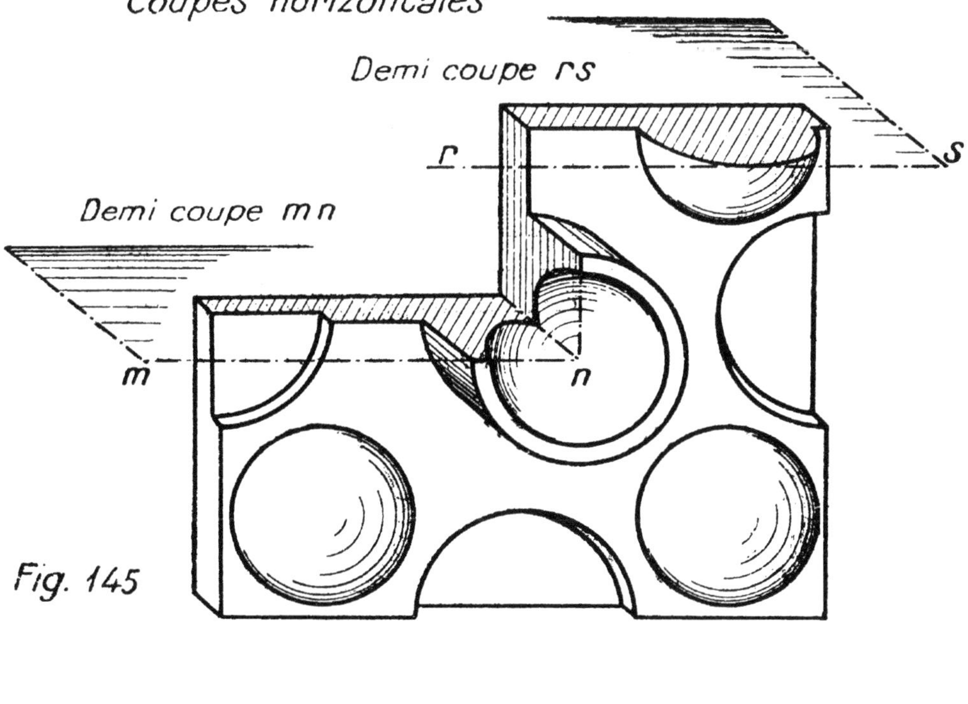

Fig. 145

Planche 18.

COUPES SUR PLACE ET RABATTEMENTS

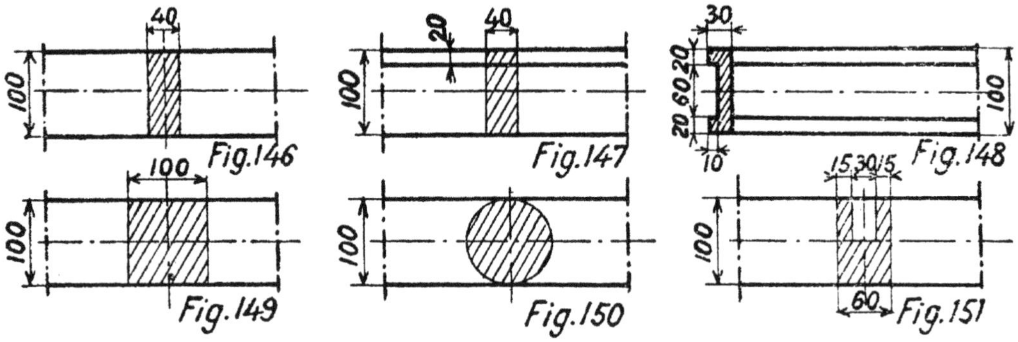

Fig. 146 Fig. 147 Fig. 148 Fig. 149 Fig. 150 Fig. 151

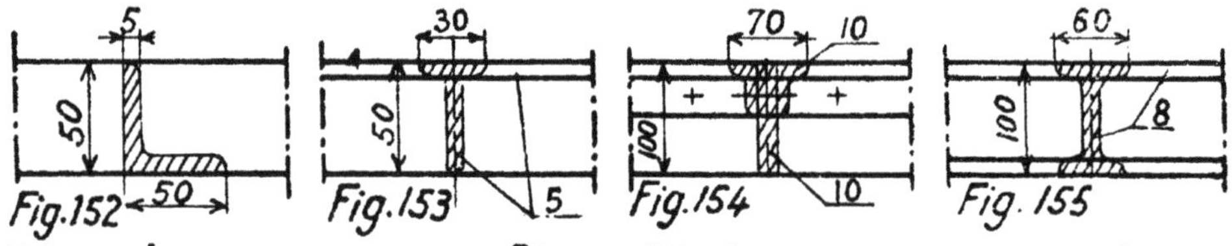

Fig. 152 Fig. 153 Fig. 154 Fig. 155

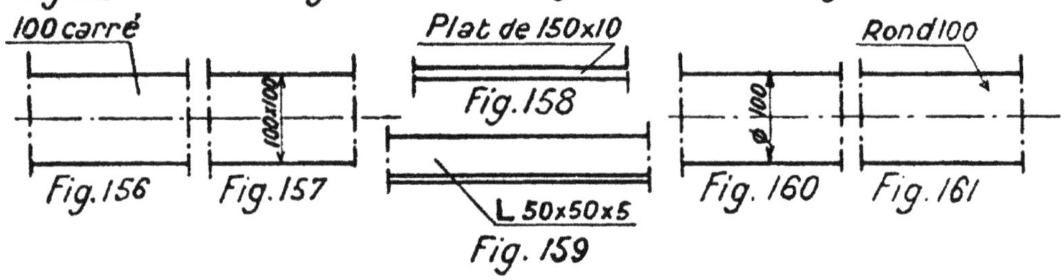

Fig. 156 Fig. 157 Fig. 158 Fig. 159 Fig. 160 Fig. 161

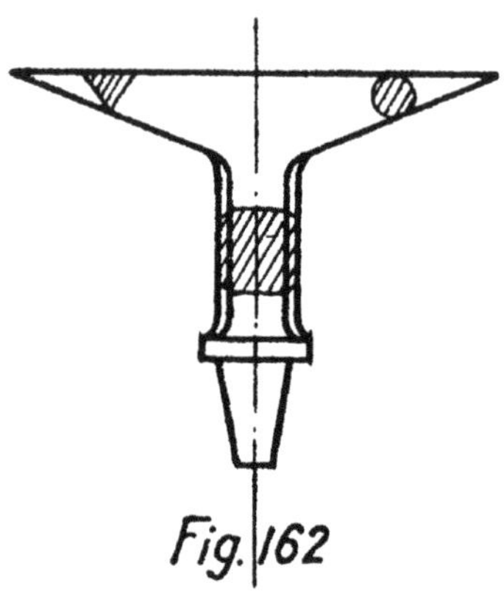

Fig. 162

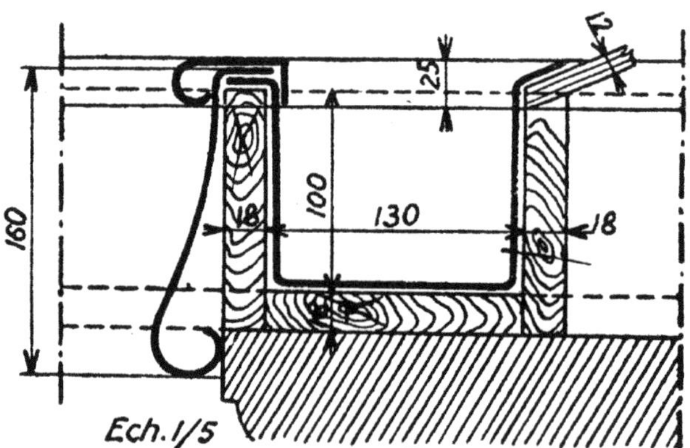

Fig. 163

HACHURES CONVENTIONNELLES

Fig. 164

***106*. Demi-coupes.** — Dans le cas de symétrie par rapport à l'axe, une demi-coupe suffit (pl. 25). L'ensemble *demi-coupe* et *demi-élévation* est recommandable.

Remarque. — Il est inutile de couper en long les pièces qui ne présentent intérieurement aucun détail intéressant : rivets, bras de poulies, clavettes, vis, boulons, nervures, barreaux, montants, traverses, colonnes pleines, etc.

***107*. Hachures conventionnelles.** — On distingue les matériaux à l'aide de hachures dont l'écartement et la nature diffèrent (fig. 146).

***108*. Sections.** — 1° La section d'une pièce ou d'un organe peut être dessinée en dehors de l'élévation ou sur l'élévation même ; dans le premier cas, c'est une *section sortie* et, dans le second, une *section rabattue* (fig. 146 à 155 et fig. 162 et 163). Le contour des sections sorties se fait en trait moyen et celui des sections rabattues en trait fin.

2° Un procédé de représentation encore plus rapide consiste à se contenter de l'élévation sur laquelle une notation écrite fait connaître la section (fig. 156 à 161) ; Φ est le symbole du diamètre.

3° Enfin, on peut remplacer le profil et le plan par un demi-rabattement ou un rabattement complet (fig. 169, 170 et 171).

Nota. — Au lieu d'être hachurées, les faibles épaisseurs sont figurées par un trait fort (fig. 164).

CONSEILS GÉNÉRAUX RELATIFS A L'EXÉCUTION DES DESSINS

Les planches 25 et 26 sont destinées à montrer comment il faut comprendre et exécuter un dessin coté. Ce sont des planches à étudier et non à copier. La copie machinale doit être remplacée par des croquis cotés d'après nature et par des exercices de lecture plus profitables.

***109*. Ordre d'exécution.** — Pour l'exécution d'un dessin, procéder dans l'ordre suivant :

1° relevé du croquis coté d'un organe en nature (les pièces détachées, d'abord) ;

2° exécution de la mise au net de ce croquis ou de l'une de ses parties seulement.

110*. Croquis coté.** — ***Examiner attentivement le modèle, étudier la forme de ses diverses parties. Cette forme dépend du rôle que doit jouer l'organe ; elle laisse quelquefois à désirer et les apprentis apprendront peu à peu à la *critiquer.*

2° ***Rechercher quelles sont les vues nécessaires*** pour que la représentation soit complète et facile à lire. En effet, le croquis coté doit permettre de réaliser à l'atelier l'ouvrage dessiné.

3° ***Mettre ces vues en place*** en commençant par la vue principale ou *élévation* ; les détails d'assemblages et de coupes sont représentés à une échelle approximative plus grande que le dessin de l'ensemble.

4° ***chever le croquis, placer les lignes de cotes, relever et inscrire les dimensions avec le plus grand soin.***

5° ***Terminer par les indications relatives au travail d'atelier :*** légendes ; dimensions des fers, colliers, vis, rivets, boulons, etc.

***111*. Dessin en grandeur d'exécution ou à l'échelle.** — Le dessin avec les instruments peut être terminé au crayon ; la mise à l'encre offre si peu d'intérêt pour les apprentis qu'elle peut être laissée de côté. Le plus souvent, le dessin pourra consister dans la représentation d'un élément particulièrement intéressant de l'ouvrage et, autant que possible, en grandeur d'exécution.

Planche 19. — APPLICATIONS

I Section plane d'un cylindre

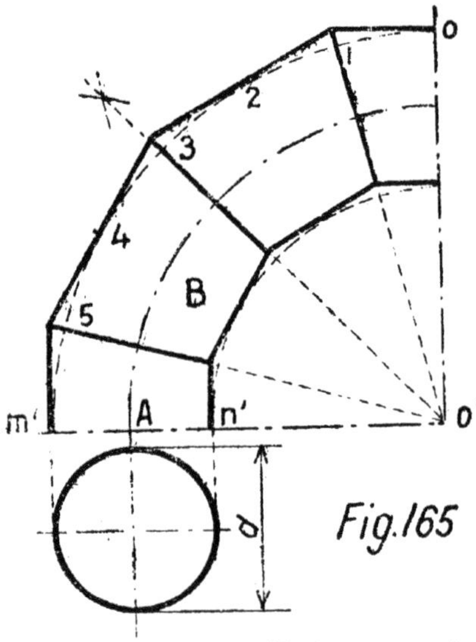

Fig. 165

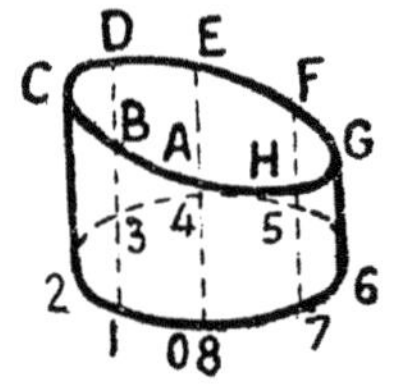

Fig. 166

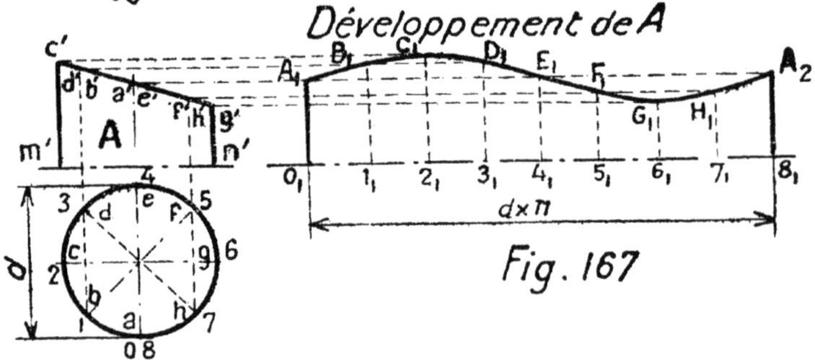

Fig. 167

III Coude à 90°

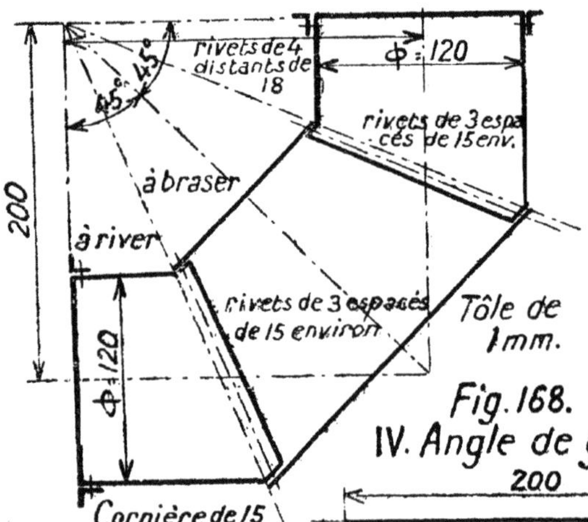

Fig. 168.

V. Cas de la section elliptique

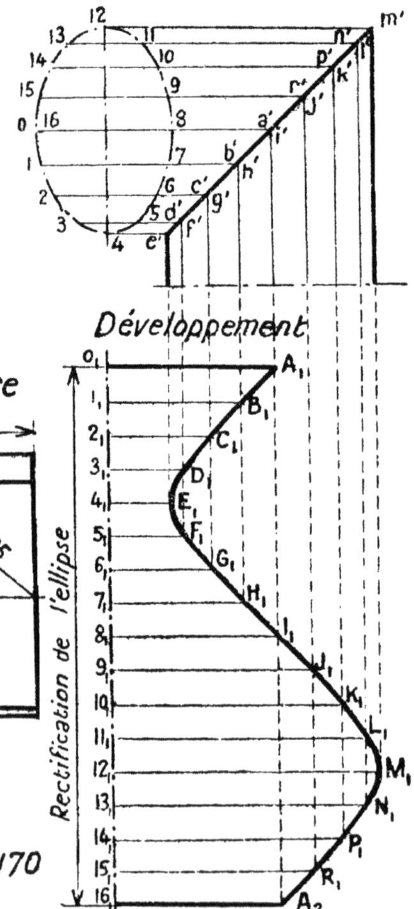

Fig. 171.

IV. Angle de gouttière

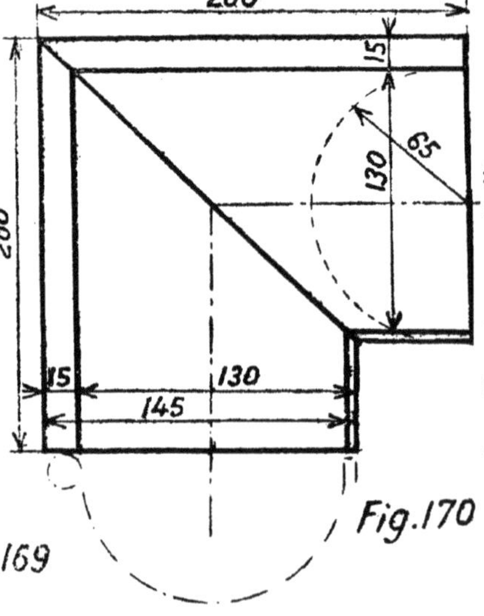

Fig. 170

II Coude à 135°

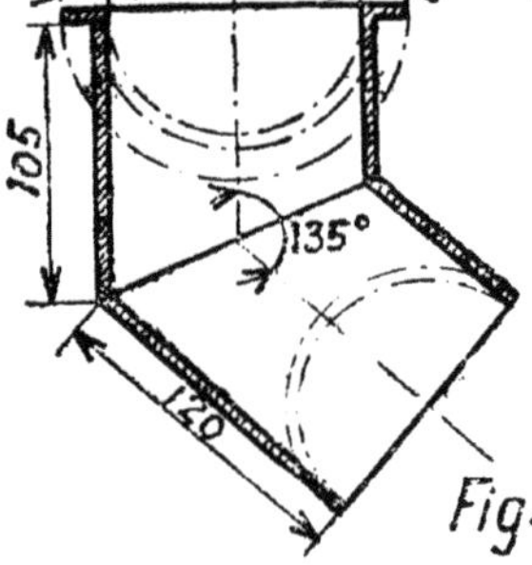

Fig. 169

PLANCHE 19

APPLICATIONS

112. **Section plane d'un cylindre.** — Pour ne pas gêner le tirage dans les canalisations en tôle, on évite les changements de direction à angle droit et on emploie des coudes brisés tels que ceux qui sont représentés par les figures 165 et 168.

Les tronçons de ces coudes peuvent être légèrement coniques ; on les supposera cylindriques et emboîtés comme dans le cas de la figure 168. La section de l'un des tronçons A (fig. 165) est obtenue comme il suit :

1° Tracer d'abord le coude en divisant en 6 parties égales le quart de circonférence de rayon $o'\ m'$; joindre au centre o' les points de division et mener à l'arc les tangentes par les points 0, 2, 4, m' ; s'assurer de l'exactitude de ce tracé. Opérer de même pour le contour intérieur de rayon $o'\ n'$.

2° Diviser la circonférence section droite en 8 parties égales (fig. 167) et rectifier cette circonférence, avec ses points de division, en 0_1-8_1, prolongement de $m'\ n'$.

3° Mener les génératrices de ces derniers points sur la projection verticale et sur le développement de A ; sur la projection, on détermine les points a', b', c'... h'. Par ces points, mener à m'-8_1 les parallèles qui donnent les points cherchés A_1, B_1, C_1... H_1, A_2. Joindre ces points à main levée.

La courbe ainsi construite A_1 B_1... A_2 permet d'effectuer le tracé du développement du tronçon B à chacune de ses deux extrémités ainsi que celui des autres tronçons.

113. **Coudes divers** (fig. 168 à 170). — Tracés analogues aux précédents (Voir « *Exercices* » ci-dessous).

114. **Cas de la section d'un tuyau elliptique.** — Dans le cas d'un tuyau à section elliptique (fig. 171), il convient de construire l'ellipse avec soin, de la diviser en un nombre suffisant de parties égales, 16 par exemple, et d'appliquer le tracé du § 112.

115. Exercices proposés. — 1. Développer le tronçon B (fig. 165).
2. Développer l'une des parties du coude à 135° (fig. 169).
3. Développer les trois tronçons du coude à 90° (fig. 168).
4. Développer l'une des parties de la gouttière (fig. 170).

Planche 20. — ZINGUERIE

Pavillon (Ech. 0.01)

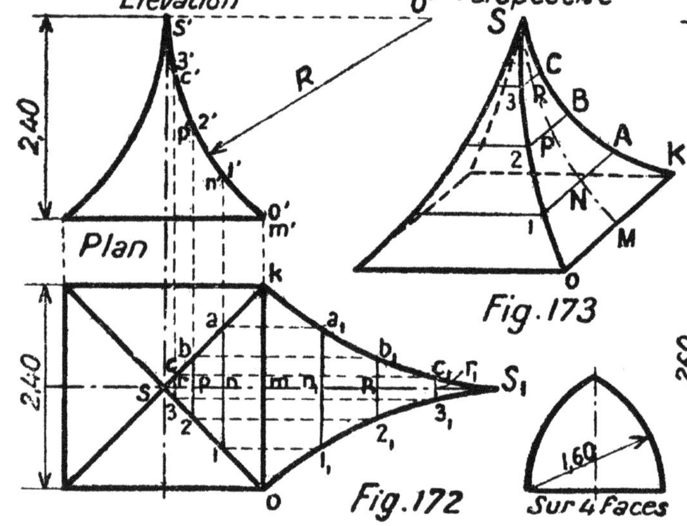

Fig. 172

Fig. 173

Fig. 174

Cuvette (Ech. 1/8)

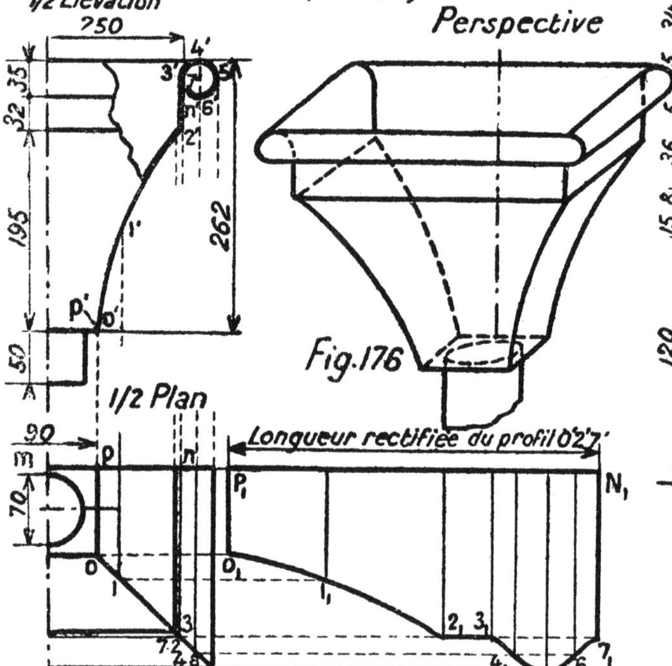

Fig. 175

Fig. 176

Epi (Ech. 1/4)

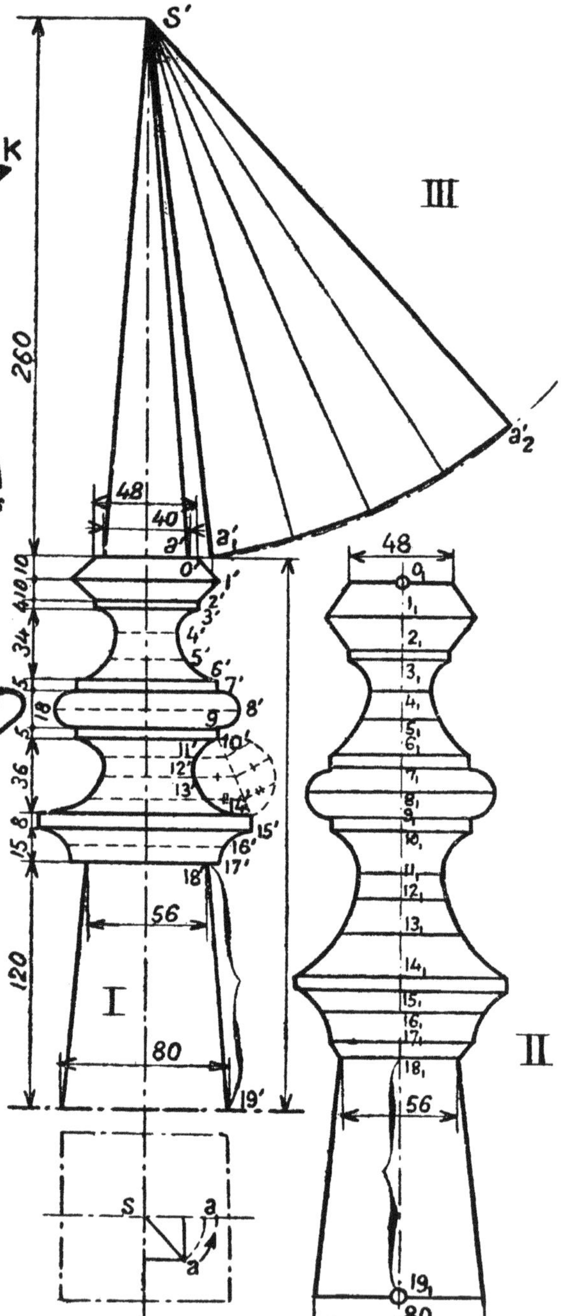

Fig. 177

PLANCHE 20

ZINGUERIE

116. **Pavillon.** — Pour développer l'une des faces latérales courbes d'un ouvrage tel que le *pavillon* représenté par la figure 172, appliquer la méthode générale suivante :

1° Considérer la médiane SM (fig. 173) dont la projection horizontale est $s\ m$ (fig. 172) et la projection verticale, $s'\ m'$;

2° rectifier en mS_1 la projection verticale $s'\ m'$ qui est la vraie grandeur de cette médiane de front ;

3° par chacun des points de division n_1, p_1, r_1 de mS_1, mener les perpendiculaires à mS_1 et porter sur chacune d'elles la largeur de la face au point correspondant : $a_1\text{-}1_1 = a\text{-}1$; $b_1\text{-}2_1 = b\text{-}2$; $c_1\text{-}3_1 = c\text{-}3$; joindre les points obtenus de o à S_1 et de k à S_1.

117. **Cuvette** (fig. 175 et 176). — Tracé analogue au précédent, la médiane étant remplacée ici par la ligne de front ($p\ n$, $p'\ n'$) dont la longueur rectifiée est $P_1\ N_1$.

118. **Epi.** — Un épi est un ornement en zinc qui recouvre l'extrémité d'un poinçon d'édifice.

La figure 177 en représente un à 4 faces ou *sur plan carré.* Cet épi se compose de deux parties principales : le *socle* dont la hauteur est 265 mm et la *pointe pyramidale* de hauteur 260 mm.

Le développement (II) de l'une des faces du socle se construit d'après la méthode générale exposée dans le § 116.

Pour tracer celui de la pyramide à base carrée, déterminer d'abord la vraie grandeur $s'\ a'_1$ de son arête latérale en la rendant de front : $s\ a$ vient en $s\ a_1$ et $s'\ a'$ en $s'\ a'_1$, vraie grandeur cherchée.

Avec cette dernière, construire en (III) les quatre triangles isocèles qui composent la surface latérale de la pyramide (§ 87).

119. Exercices proposés. — 1. Développer l'une des faces du pavillon représenté par la figure 174.

2. Développer la face en avant de la cuvette représentée par les figures 175 et 176.

3. Dessiner un épi à 8 faces égales et analogues à celles de la figure 177 ; développer ensuite l'une de ces faces.

Planche 21. — INTERSECTION DE CYLINDRES

Les axes se coupent à angle droit

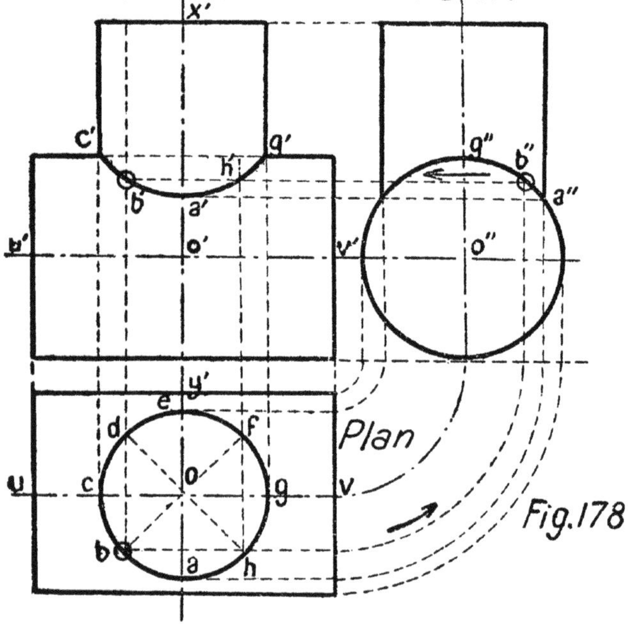

Fig.178

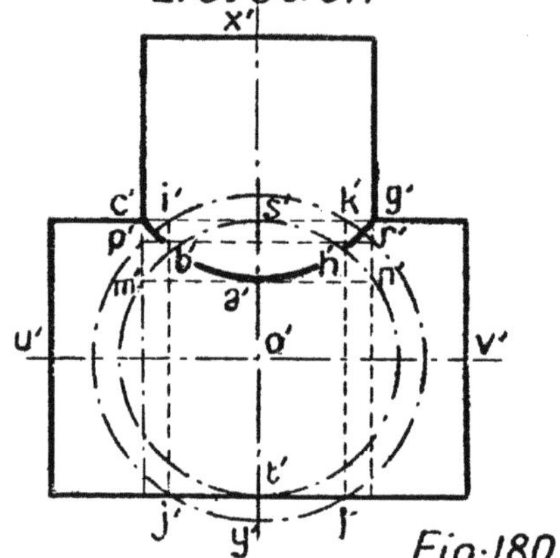

Fig:180

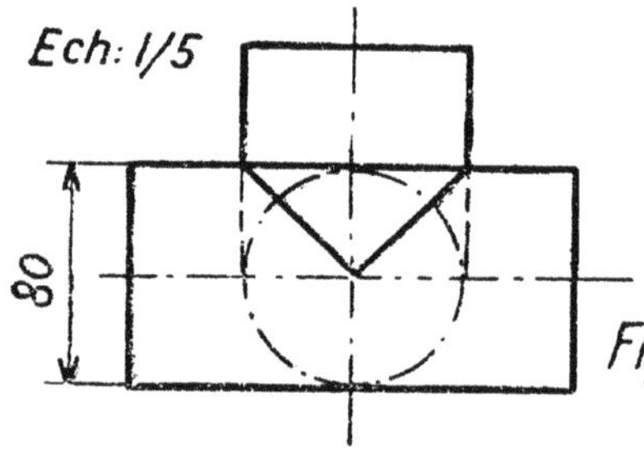

Fig.181

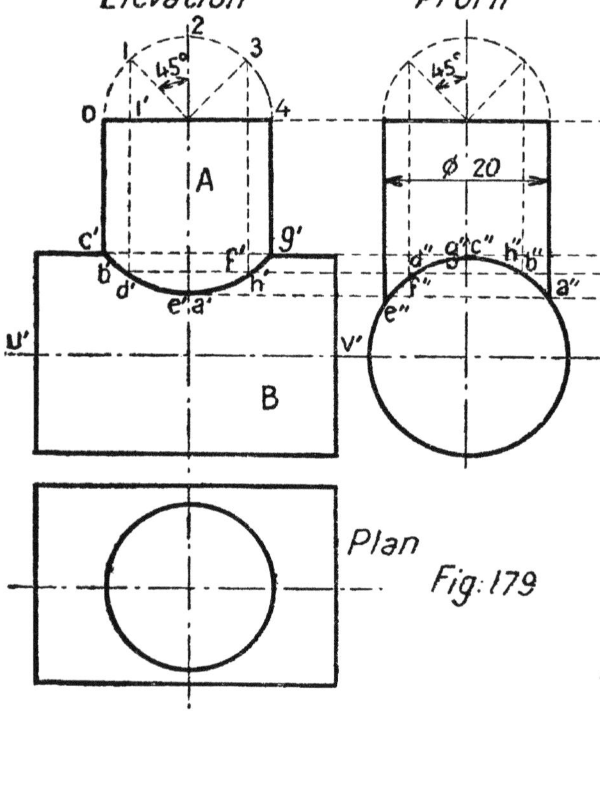

Fig:179

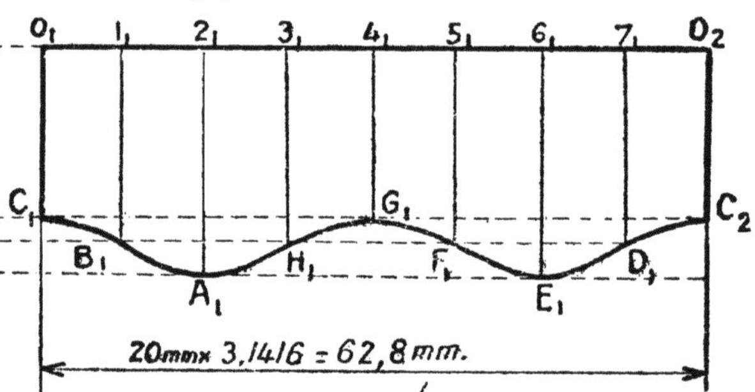

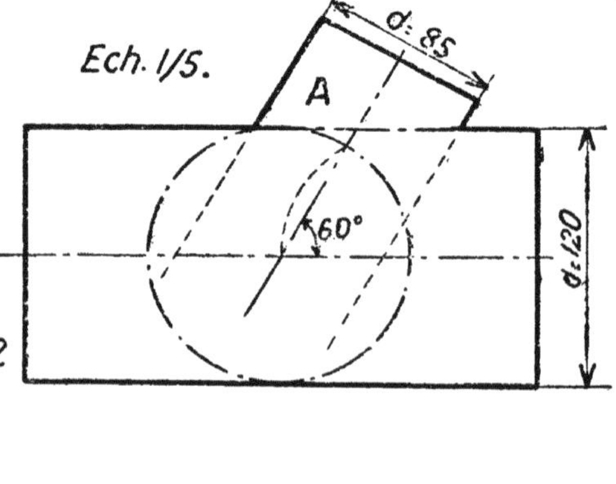

Fig.182

PLANCHE 21

INTERSECTION DE CYLINDRES

1er Cas. — **Les axes se coupent à angle droit.**

***120.* Détermination de l'intersection.** — 1er Procédé. — Soit à déterminer l'intersection de deux cylindres dont les axes se coupent à angle droit au point O projeté en o, o', o'' (fig. 178).

a) *Points remarquables.* — Les points c' et g' sont évidemment deux points de la projection verticale de l'intersection cherchée. D'autre part, les projections a et a'' permettent de déterminer le point a' de cette projection verticale.

b) *Point quelconque.* — De même, les projections b et b'' donnent le point b' ; les flèches de la figure 178 indiquent clairement la construction à effectuer.

En opérant ainsi, on peut déterminer autant de points qu'on le veut ; dans la figure 178, la base du petit cylindre a été divisée en 8 parties égales.

La projection horizontale devient inutile si l'on rabat la base du petit cylindre avec ses 8 points de division, ou seulement la demi-base avec ses 4 points de division, comme l'indique la figure 179.

***121.* Développement du petit cylindre.** — Pour développer la surface du petit cylindre limité à la courbe d'intersection (fig. 179), développer le cylindre avec ses 8 génératrices équidistantes et porter sur chacune d'elles la portion comprise entre la base et le point d'intersection correspondant : 0-c' en 0_1-C_1 ; $1'$-b' en 1_1-B_1... Joindre les points ainsi obtenus C_1, B_1, A_1... C_2.

122. 2e Procédé. — La méthode précédente exige l'élévation et le profil de l'ensemble des deux cylindres. La courbe d'intersection peut être déterminée avec l'élévation seule, par l'emploi de sphères auxiliaires ayant pour centre le point d'intersection des axes des deux cylindres :

1° La sphère de rayon o' s' (fig. 180) coupe le cylindre vertical suivant la circonférence projetée en m' n' et le cylindre horizontal suivant la circonférence projetée en s' t'. Le point a', intersection de m' n' et de s' t', est donc un point de la projection verticale de l'intersection cherchée.

2° La sphère de rayon o' r', compris entre o' s' et o' g', coupe le petit cylindre suivant la circonférence projetée en p' r' et le grand cylindre suivant les deux circonférences projetées en i' j' et k' l' ; les points d'intersection b' et h' de p' r' avec i' j' et k' l' appartiennent à la courbe cherchée.

123. Exercices proposés. — 1. Déterminer l'intersection de deux cylindres de diamètres inégaux et dont les axes se coupent à 60° (fig. 182), et développer la tubulure A.

2. Même question dans le cas où les deux cylindres sont de même diamètre et se coupent : 1° à angle droit (fig. 181) ; 2° à 45°. (*Dans ces deux cas, la projection verticale de l'intersection est formée de deux droites qui se coupent au point d'intersection des axes et qui sont les projections de deux ellipses.*)

Planche 22.

INTERSECTION DE CYLINDRES

I Les axes se coupent sous un angle quelconque.

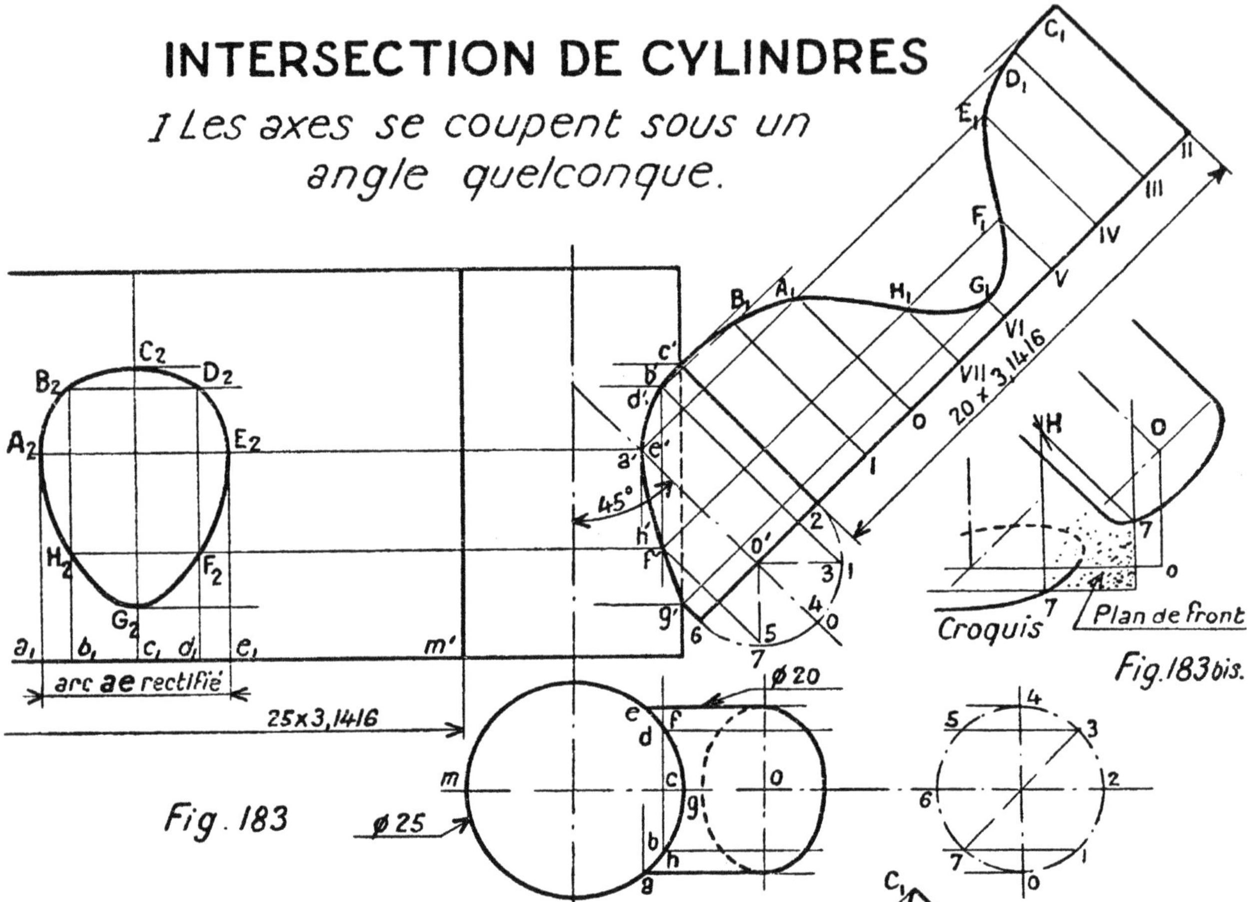

Fig. 183

Fig. 183 bis.

II. Les axes ne se coupent pas.

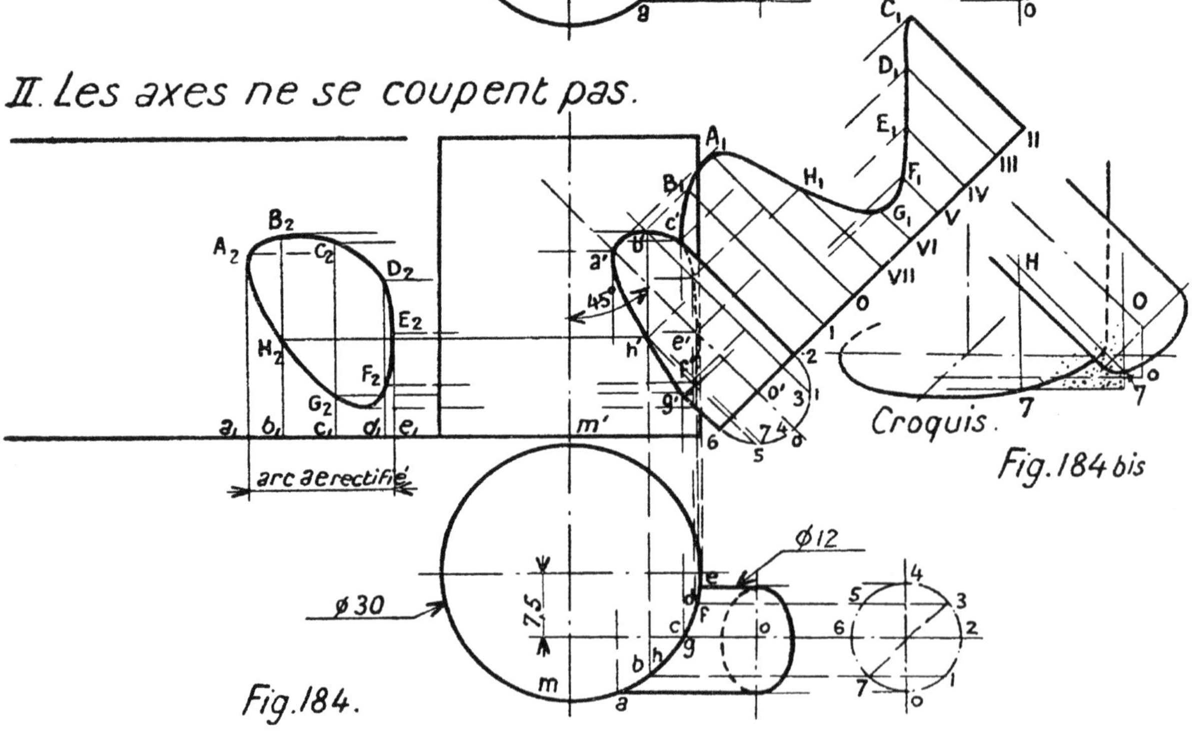

Fig. 184.

Fig. 184 bis

PLANCHE 22

INTERSECTION DE CYLINDRES (suite)

2e Cas. — **Les axes des deux cylindres ne sont pas rectangulaires.**

***124.* Détermination de l'intersection.** — Que les axes soient concourants (fig. 183) ou ne le soient pas (fig. 184), appliquer la méthode des génératrices ; avoir soin de bien numéroter les points de division des rabattements des bases et remarquer que chacun des points cherchés est l'intersection des deux génératrices formées sur les cylindres par le plan de front du point de division correspondant : Ainsi, les deux croquis (fig. 183 *bis* et 184 *bis*) montrent la détermination du point H.

***125.* Développement du petit cylindre.** — Analogie avec le cas de la figure 179 (§ 120).

***126.* Développement du grand cylindre avec son trou.** — 1° Développer le cylindre en l'ouvrant suivant la ligne de clôture, soit la génératrice du point (m, m') ;

2° Rectifier les arcs $e\ d$, $d\ c$, $c\ b$, $b\ a$ en $e_1\ d_1$, $d_1\ c_1$, $c_1\ b_1$, $b_1\ a_1$, mener les perpendiculaires à la base $a_1\ m'$ et porter sur chacune d'elles la cote correspondante relevée sur l'élévation. Joindre les points ainsi obtenus A_1, B_1, C_1.....

Planche 23.

INTERSECTION DE CÔNE ET CYLINDRE

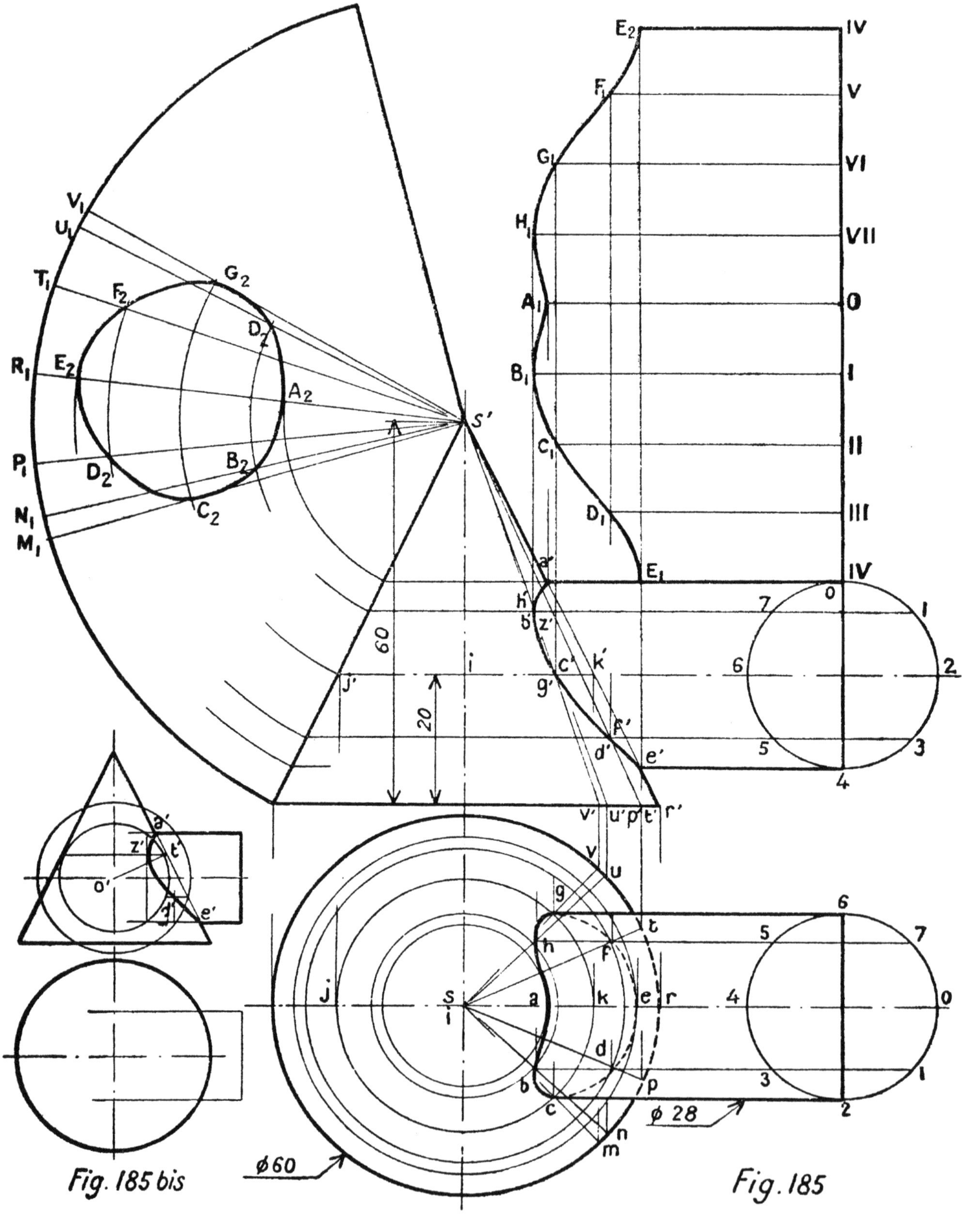

Fig. 185 bis

Fig. 185

PLANCHE 23

INTERSECTION D'UN CYLINDRE ET D'UN CONE

1er Cas. **Les axes se coupent à angle droit** (fig. 185).

***127.* Détermination de l'intersection.** — Tracer les génératrices du cylindre comme précédemment, puis mener par elles des plans horizontaux, par exemple le plan *j' k'* par les points 2 et 6. Ce plan coupe le cône suivant une circonférence de diamètre *j' k'* qui se projette horizontalement suivant la circonférence de diamètre *j k* ; les points (*c*, *c'*) et (*g*, *g'*) communs à cette circonférence et aux génératrices 2 et 6 sont évidemment des points de l'intersection cherchée.

***128.* Développements.** — 1° Le cylindre se développe comme d'habitude.

2° Développer le cône ; mener les génératrices des points de l'intersection, soient (*s b*, *s' b'*), (*s c*, *s' c'*)... et rectifier les arcs *r p*, *p n*, *n m*... en R_1 P_1, P_1 N_1, N_1 M_1... Joindre les points M_1, N_1, P_1... au point *s'* et sur chacune des lignes ainsi tracées, porter la *vraie distance* du point correspondant au sommet ; cette longueur est obtenue par rotation (§ 91, fig. 129) : par exemple, pour les points C_2 et G_2, la vraie grandeur des distances égales (*s c*, *s' c'*) et (*s g*, *s' g'*) est *s' j'* à reporter en *s'* C_2 et *s'* G_2.

129. — Remarque. — Lorsqu'il suffit de déterminer la projection verticale de l'intersection, on emploie les sphères auxiliaires (fig. 185 *bis*). La sphère tangente au cône donne le point remarquable *z'* qui n'est déterminé qu'approximativement par le procédé précédent. Une sphère quelconque donne un second point *d'*.

Application. — Voir l'exercice (pl. 29, fig. 220) : *Manche à air.*

2e Cas. — **Les axes ne se coupent pas** (fig. 236). — Appliquer la méthode du 1er cas.

Planche 24. — HÉLICE CYLINDRIQUE

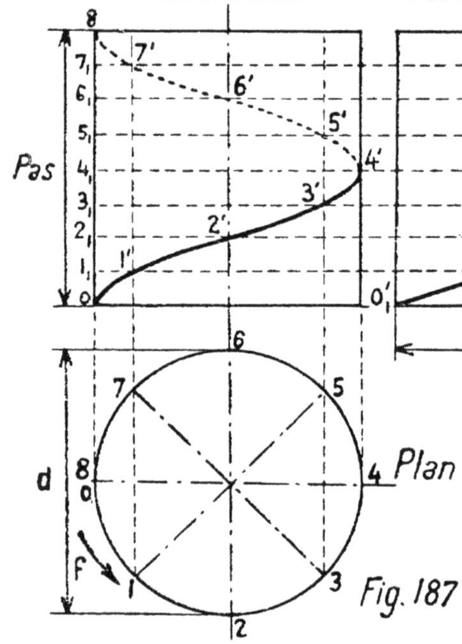

Fig. 187

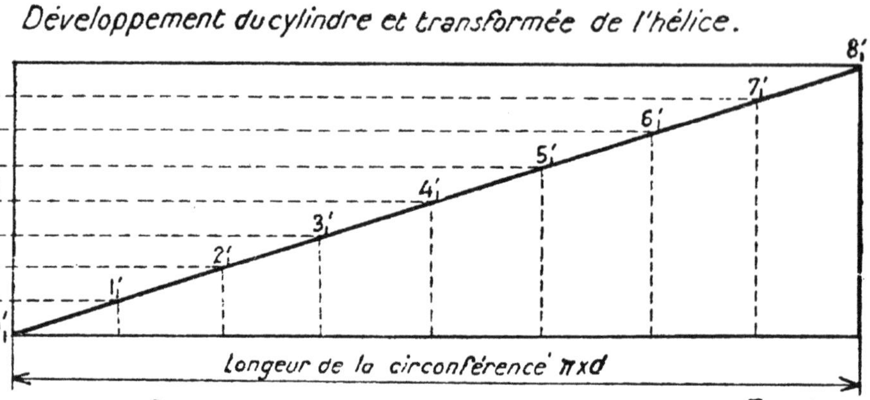

Fig. 188.

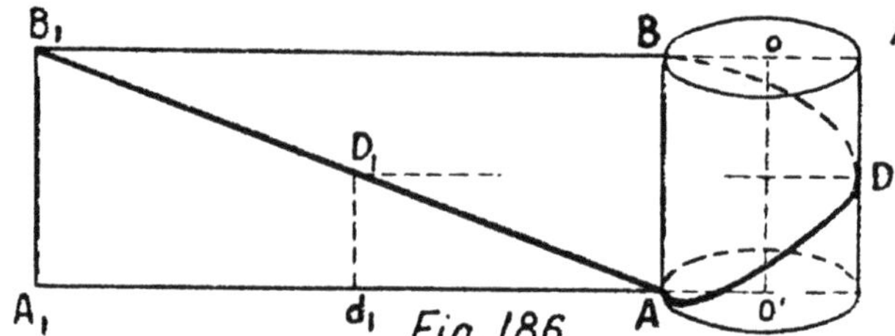

Fig. 186

SERPENTIN HÉLICOÏDAL

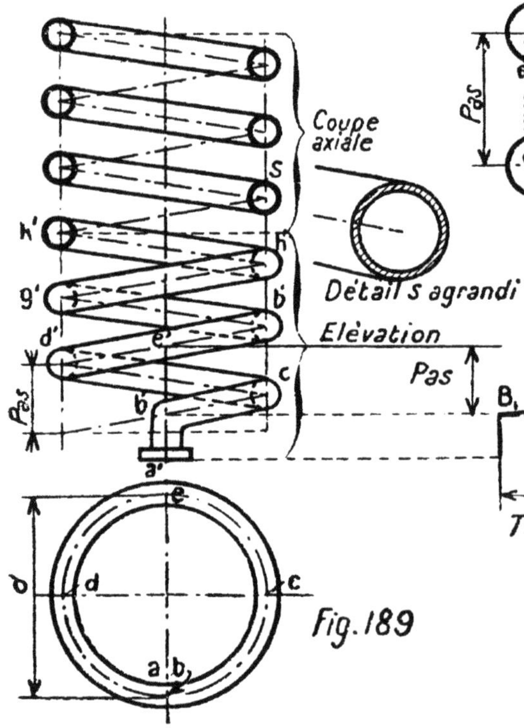

Fig. 189

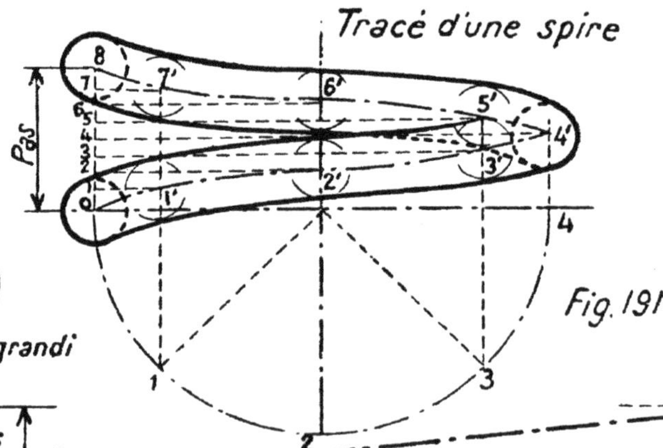

Fig. 191

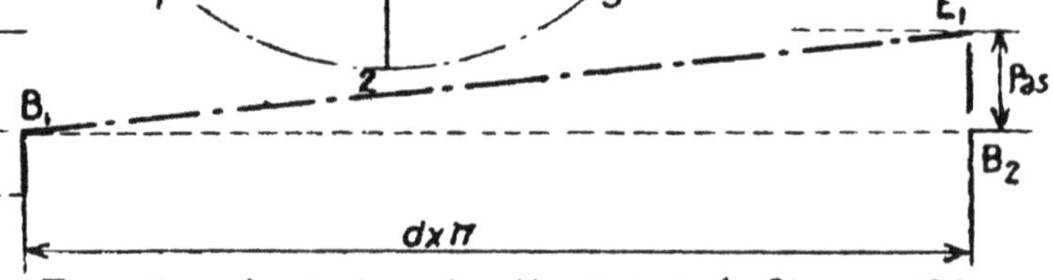

Transformée de la spire b'c'd'e' de la figure 188

Fig. 190.

QUATRIÈME PARTIE

HÉLICE ; VIS. — APPLICATIONS GÉNÉRALES

Les notions théoriques de cette partie sont destinées à éclairer l'exécution des croquis d'après nature et les exercices de lecture dont nous donnons ensuite quelques exemples.

PLANCHE 24

HÉLICE CYLINDRIQUE

130. **1re Définition.** — ***On appelle hélice cylindrique la courbe engendrée, sur un cylindre circulaire droit, par une droite située dans un plan qu'on enroule sur le cylindre.***

Ainsi, la diagonale AB_1 (fig. 186) du rectangle $A\,A_1\,B_1\,B$, qui est le développement du cylindre d'axe O O′, forme sur ce cylindre l'hélice A D B, quand on enroule le rectangle sur le cylindre.

La hauteur A B est le *pas* de l'hélice et la portion d'hélice A D B est une *spire.* L'hélice est dite *à droite* lorsque sa partie vue A D monte de gauche à droite, dans l'élévation, comme dans la figure 187. Elle est *à gauche*, dans le cas contraire.

131. **2e Définition.** — Lorsqu'on visse un écrou sur une vis fixe, à chaque tour, il avance d'une certaine longueur appelée *pas* ; lorsqu'il tourne de $\frac{1}{2}$, $\frac{1}{4}$, $\frac{1}{8}$ de tour, il avance de $\frac{1}{2}$, $\frac{1}{4}$, $\frac{1}{8}$ de pas. Un point quelconque de l'écrou décrit une hélice ; d'où, la définition :

L'hélice cylindrique est la courbe engendrée, sur un cylindre circulaire droit fixe, par un point qui tourne sur ce cylindre en avançant de quantités proportionnelles aux angles de rotation.

Cette définition permet de tracer l'hélice.

132. **Tracé et développement.** — 1° Diviser la projection horizontale du cylindre et le pas de l'hélice en un même nombre de parties égales (fig. 187) ;

2° par le point de division 1 de la circonférence, mener la ligne de rappel. Cette ligne coupe la parallèle menée à la base par le point 1_1 de la projection verticale en un point 1′ qui est un point de la projection verticale de l'hélice. Opérer de même pour les autres points et joindre les points 0, 1′, 2′... ainsi obtenus.

La figure 188 donne le développement du cylindre et la *transformée* $0'_1 8'_1$ de l'hélice.

PLANCHE 24 *(suite)*

SERPENTIN HÉLICOÏDAL

133. Si l'on déplace une figure plane de façon que chacun de ses points décrive une hélice cylindrique, cette figure engendre un *volume hélicoïdal* et chacun de ses côtés, une *surface hélicoïdale.*

Ainsi une couronne circulaire (1) décrit un *serpentin hélicoïdal* (fig. 189 et 191); un triangle équilatéral et un carré engendrant les *filets* des vis (fig. 198 et 200).

134. *a)* **Tracé théorique d'une spire de serpentin.** — Tracer d'abord l'hélice décrite par le centre O de la section droite du tube employé (fig. 191) ; puis, de chacun des points 0, 1', 2', 3', 4', 5', 6', 7', 8 de cette hélice, décrire une circonférence avec le rayon de cette section et tracer les courbes tangentes à ces circonférences.

b) **Tracé pratique du serpentin.** — Dans le tracé pratique, les hélices sont remplacées par des droites (fig. 189).

Remarquer que les portions *b' c'*, *d' f'*, *g' h'* sont en avant tandis que les demi-spires *c' d'*, *f' g'*, *h' k'* se trouvent en arrière.

Si l'on coupe le serpentin par un plan de front qui passe par l'axe, la partie de ce serpentin qui se trouve en avant de ce plan est enlevée (§ 103) ; seuls subsistent les demi-spires en arrière comme le montrent la figure 189 et le détail S agrandi.

135. **Transformée d'une spire.** — La transformée d'une spire (fig. 190) ayant été tracée comme il a été indiqué au § 132, la longueur du tube nécessaire pour constituer cette spire est l'hypoténuse $B_1 E_1$ du triangle rectangle $B_1 E_1 B_2$ dont la valeur est donnée par la formule $B_1E_1 = \sqrt{\overline{B_1B_2}^2 + \overline{E_1B_2}^2} = \sqrt{(\pi d)^2 + (\text{pas})^2}$.

D'où la longueur totale du serpentin, calculée d'après le nombre des spires. Dans le cas de la figure 189, cette longueur comprend : 5 spires $+ \frac{1}{2}$ spire *d' c'* $+ \frac{1}{4}$ de spire *b' c'* + le retour vertical *a' b'*.

136. Exercices proposés. — 1. Tracer deux spires d'une hélice à gauche (diamètre 60 ; pas 40).

2. Tracer, à l'échelle 0,2, un serpentin hélicoïdal d'après les données suivantes : diamètre moyen : 250 mm ; pas : 100 mm ; nombre de spires : 6 ; diamètre du tube : 30 mm.

(1) *Couronne circulaire*, surface comprise entre deux circonférences concentriques ; la section droite d'un tube cylindrique est une couronne circulaire.

NOTATIONS ABRÉGÉES OU SYMBOLES

(Extrait du code établi en 1932 par le Comité de normalisation)

A. *Ajusté*........ Pour boulons ajustés (Ne pas confondre avec T).
B. *Bombé, ad* ... Pour indiquer le bombé qui surmonte une tête fraisée.
C. *Cylindrique*.... Pour tête de cette forme, y compris les rivets tête plate.
E. *Ergot, ad* .... Pour indiquer qu'un boulon doit avoir un ergot.
F. *Fraisé* .... Pour têtes fraisées (L'angle au sommet se place en dénominateur).
G. *Goutte de suif*. Pour certains rivets à tête bombée.
H. *Hexagonal* ... Pour têtes de boulon et écrous de cette forme.
Q. *Carré* .... Pour têtes et écrous de cette forme.
R. *Ronde* .... Pour têtes en segment de sphère appelées têtes rondes.
T. *Tourné*....... Pour indiquer les pièces tournées (Ne pas confondre avec A).
U. *Usiné, ad* .... Pour désigner les pièces usinées partout (S'ajoute à T et A).
W. *Grower* ...... Pour désigner les rondelles Grower.
X. *ad* .... Pour indiquer qu'un boulon doit avoir un collet carré.
Bis, ad.......... Pour désigner un écrou bas (contre-écrou).
Ter, ad. .... Pour désigner un écrou très bas.
b, ad .... Pour indiquer qu'un rivet doit être avec bavure (S'ajoute à R).

Nota. — Le signe *ad* indique une notation additionnelle ne s'employant jamais seule.

SÉRIE NORMALE DE RIVETS (*Dimensions les plus courantes*)

(Voir planche 25 pour les repères)

Diamètre *d*	Tête ronde avec bavure (Rb) ou sans bavure (R) *a* × *b*	Tête goutte de suif G *a* × *b*	Tête fraisée F *a* × *b*	Tête fraisée F *e*	Tête plate *a* × *b*
2	3,5 × 1,5		4 × 1		4 × 1
2,5	4,5 × 2		5 × 1,25		5 × 1,25
3	5,5 × 2,5		6 × 1,5		6 × 1,5
3,5	6,5 × 2,5		7 × 1,75		7 × 1,75
4	7 × 3	8 × 2	8 × 2	1	8 × 2
4,5	8 × 3,5	9 × 2,25	9 × 2,25	1,12	9 × 2,25
5	9 × 4	10 × 2,5	10 × 2,5	1,25	10 × 2,5
5,5	10 × 4	11 × 2,75	11 × 2,75	1,4	11 × 2,75
6	11 × 4,5	12 × 3	12 × 3	1,5	12 × 3
7	12 × 5	14 × 3,5	14 × 3,5	1,75	14 × 3,5
8	14 × 5,5	16 × 4	16 × 4	2	10 × 4
9	16 × 6	18 × 4,5	18 × 4,5	2,25	18 × 4,5

Diamètre *d*	Tête ronde avec bavure (Rb) ou sans bavure (R) *a* × *b* *g* × *e*	Tête goutte de suif G *a* × *b*	Tête fraisée F *a* × *b*	Tête fraisée F *e*	Tête plate C *a* × *b*
10	17 × 7 20 × 0,8	20 × 5	20 × 5	2,5	20 × 5
11	19 × 8 22 × 0,8	22 × 5,5	22 × 5,5	2,75	
12	21 × 8 24 × 0,8	24 × 6	24 × 6	3	
14	24 × 10 28 × 1	28 × 7	28 × 7	3,5	
16	28 × 11 32 × 1	32 × 8	32 × 8	4	
18	31 × 12 36 × 1,5	36 × 9	36 × 9	4,5	
20	34 × 14 40 × 2	40 × 10	40 × 10	5	
22	38 × 16 44 × 2	44 × 11	44 × 11	5,5	

Planche 25.

ORGANES D'ASSEMBLAGE

I. Séries normales de rivets

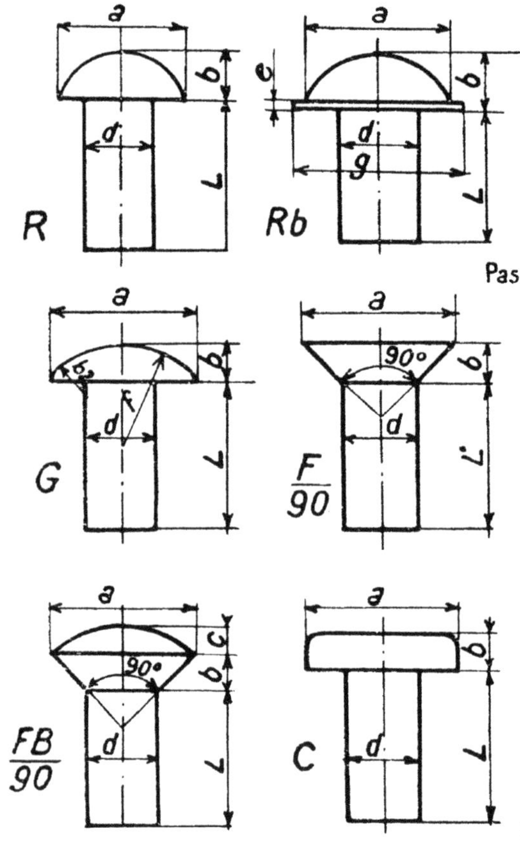

Fig. 192 à 197

II. Vis à filet triangulaire

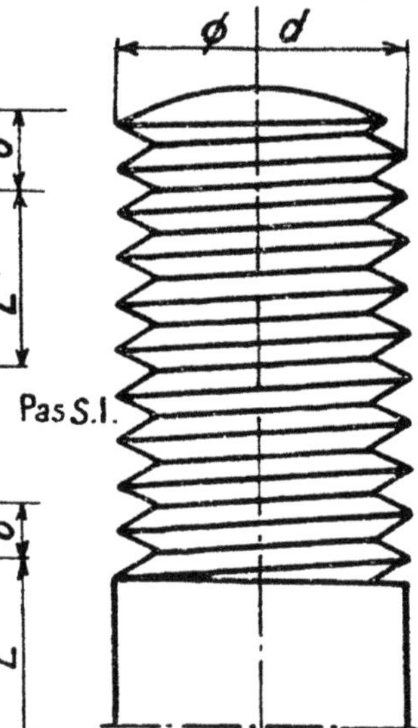

Fig. 198

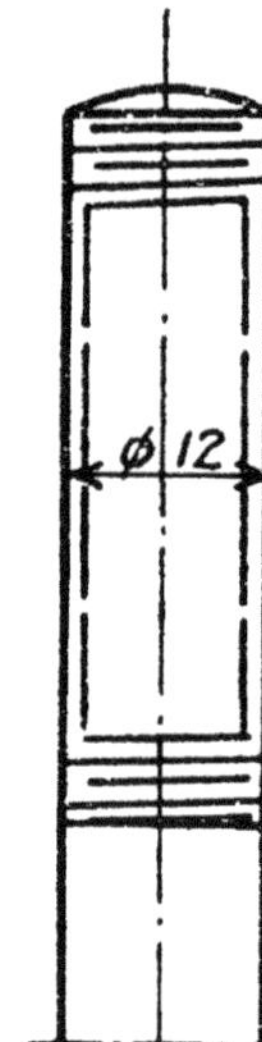

Fig. 199

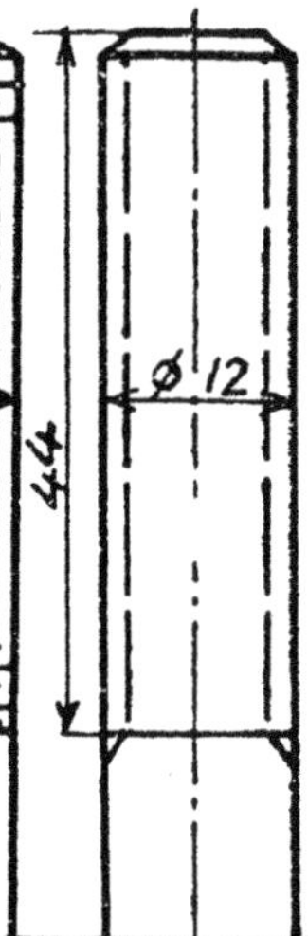

Fig. 199 bis

III. Vis à filet carré

A 1 filet

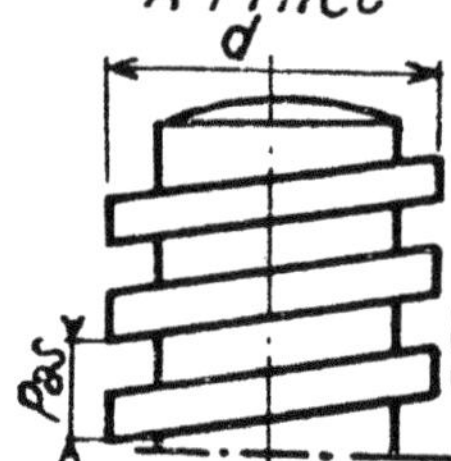

Fig. 200

A 3 filets

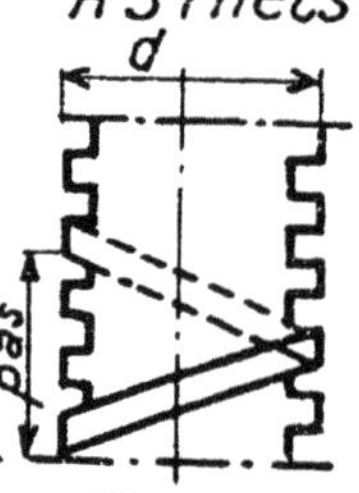

Fig. 200 bis

IV. Filet Withworth.

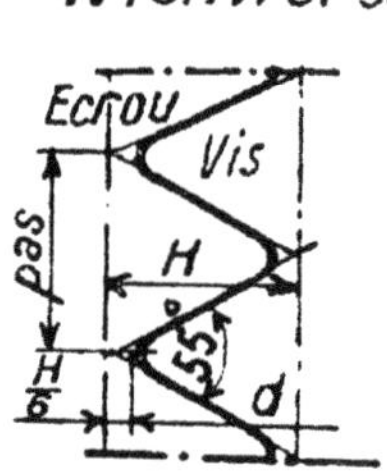

Fig. 201

Assemblages (Echelles diverses.)

Par vis fraisées

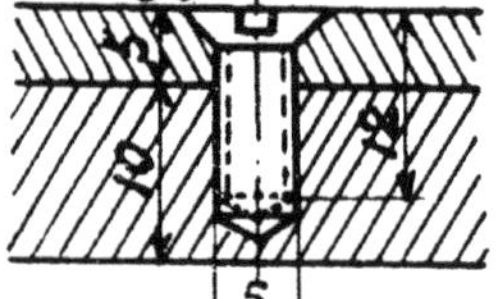

Fig. 202

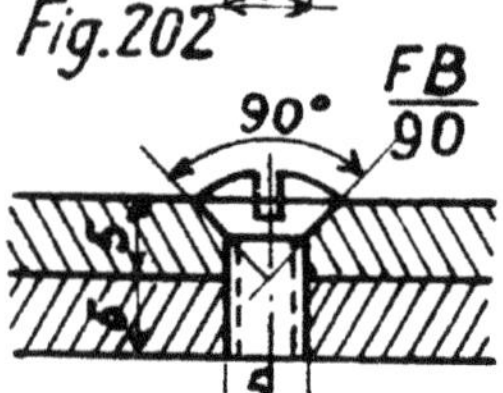

Fig. 202 bis

Par rivure simple
Coupe ab

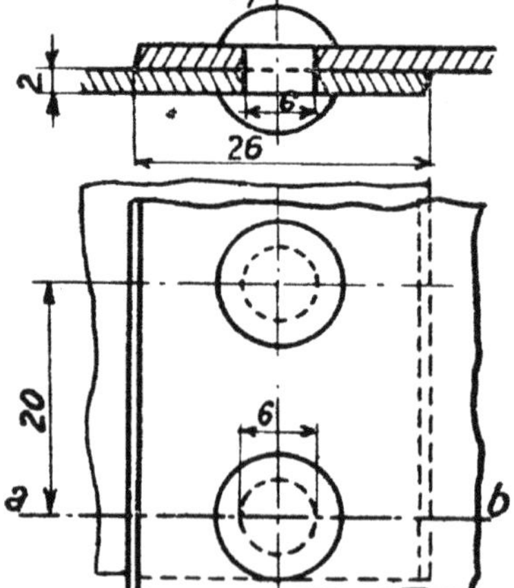

Fig. 203

Par rivure double
Coupe ab

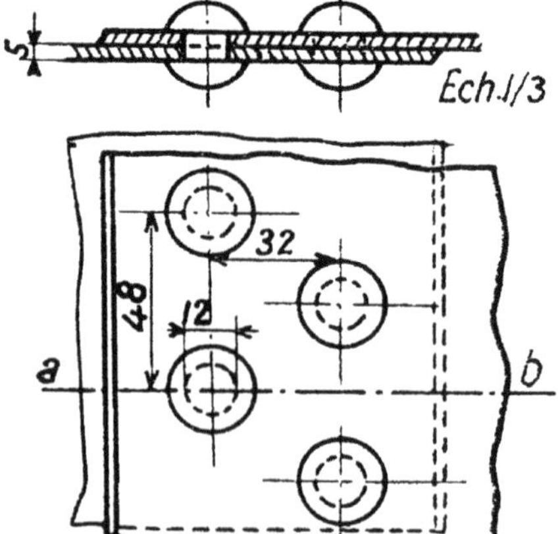

Fig. 204

PLANCHE 25

ORGANES D'ASSEMBLAGE

***137.* Rivets. —** Les figures 192 à 197 représentent les têtes des rivets des séries normales établies en 1932 par le Comité de Normalisation. Les lettres portées sur ces dessins sont les repères des dimensions fixées par ce Comité et reproduites en partie dans le tableau de la page 51.

La longueur normale du rivet avant montage est la longueur de son corps cylindrique augmentée de la hauteur de la tête si celle-ci est fraisée.

***138.* Vis à filet triangulaire. —** Ce filet triangulaire est engendré par un triangle équilatéral dont chaque sommet décrit une hélice. Dans la pratique, on remplace les arêtes hélicoïdales des filets par des droites (fig. 198) ; on supprime même le profil des filets (fig. 199) et les filets eux-mêmes (fig. 199 *bis*).

Lorsque la vis est à un seul filet, son pas est égal au côté du triangle générateur.

Mais, à chaque tour d'une vis dont l'écrou est fixe, le déplacement de la vis étant égal au pas, on accroît la vitesse de ce déplacement en prenant un pas 2, 3, 4... fois plus grand sans changer ni le diamètre de la vis, ni le côté du triangle; dans certaines clés anglaises une vis à 2 filets double la vitesse de translation de l'un des deux mors.

Série normale des filetages. — Dans la figure 199, *Pas* S. I = 2,5 signifie : le pas de la vis est 2,5 suivant le *Système international* de filetage. Ce système a été complété par le Comité de Normalisation ; en voici la partie essentielle, celle qui intéresse le chaudronnier en fer.

Diamètres	2,5	3	3,5	4	4,5	5	5,5	6	7	8	9	10	11	12	14	16	18
Pas	0,45	0,60	0,60	0,75	0,75	0,90	0,90	1	1	1,25	1,25	1,50	1,50	1,75	2	2	2,50

Diamètres	20	22	24	27	30	33	36	39	42	45	48	52	56	60	64 et au-dessus
Pas	2,50	2,50	3	3	3,50	3,50	4	4	4,50	4,50	5	5	5,50	5,50	6

***139.* Filet carré. —** Dans la vis à *filet carré*, le filet est engendré par un carré. Si la vis est *à un filet* (fig. 200), le pas est égal à un plein plus un creux, c'est-à-dire à 2 fois le côté du carré générateur. Si la vis est, par exemple, à 3 filets (fig. 200 *bis*) le pas est 3 fois plus grand que dans la vis à un filet ; c'est le cas de la vis d'une machine à découper les tôles.

***140.* Filet Whithworth. —** Dans le système Whithworth, le filet est engendré par un triangle isocèle dont l'angle au sommet est égal à 55° (fig. 201) ; le sommet et le fond du filet sont arrondis à 1/6 de la hauteur H du triangle. Ce système est utilisé dans le filetage des tubes dits « au pas du gaz ».

***141.* Vis** (fig. 201 et 202). — Toutes les fraisures pour vis, ainsi d'ailleurs que pour boulons, rivets et autres pièces analogues, doivent être choisies parmi les suivantes : 120, 90, 75, 60, 45, 30 degrés ; les fraisures des figures 201 et 202 sont à 90°.

Le Comité de Normalisation a établi des séries normales de vis à tête fendue pour métaux ; les pas de ces vis sont ceux des boulons de mêmes diamètres.

***142.* Rivetages. —** *Rivure simple* (fig. 203) et *rivure double* (fig. 204).

Dans cette dernière figure, la coupe verticale ayant été faite suivant *a b*, c'est-à-dire par l'axe de l'un des rivets de gauche, seul ce rivet est vu en entier dans la coupe ; de celui de droite on ne voit que la tête et la rivure, tandis que le corps est pointillé.

Dans les dessins, chaque rivet est désigné par son symbole de forme (p. 51) suivi du diamètre et de la longueur normale : ainsi, la notation *rivet* R 12 — 18 désigne un rivet à tête ronde sans bavure (fig. 189), à corps de diamètre 12 et dont la longueur normale (tête non comprise) est 18. La notation *rivet* $\frac{F}{90}$ — 14 désigne un rivet à tête fraisée ordinaire (fig. 192). dont le diamètre est 9, la longueur normale (tête comprise) 14 et l'angle de la fraisure, 90°.

Planche 26.

ASSEMBLAGES RIVURES ET JOINTS

Assemblages par goujons

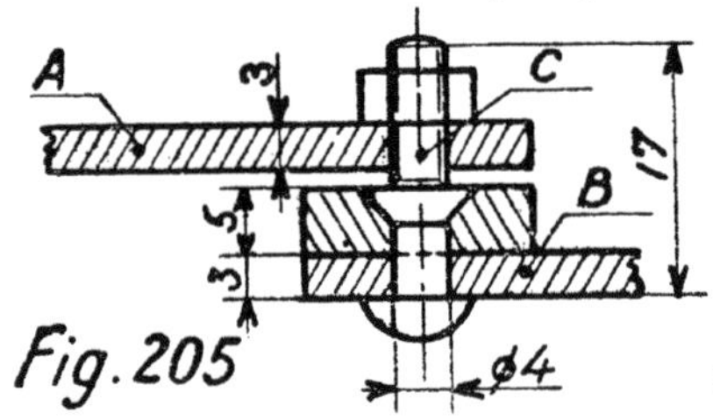

Fig. 205

Assemblages par cornières.

Ech: 1/3

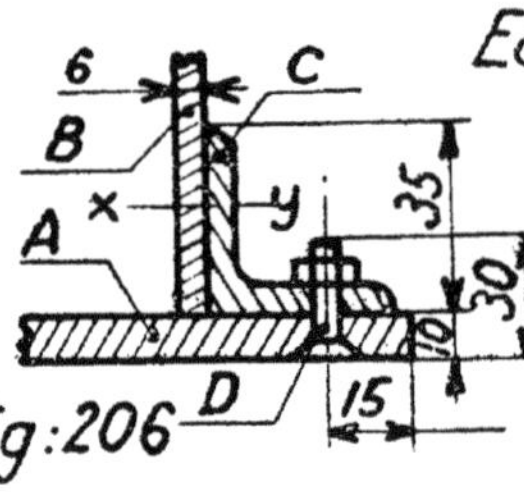

Fig: 206

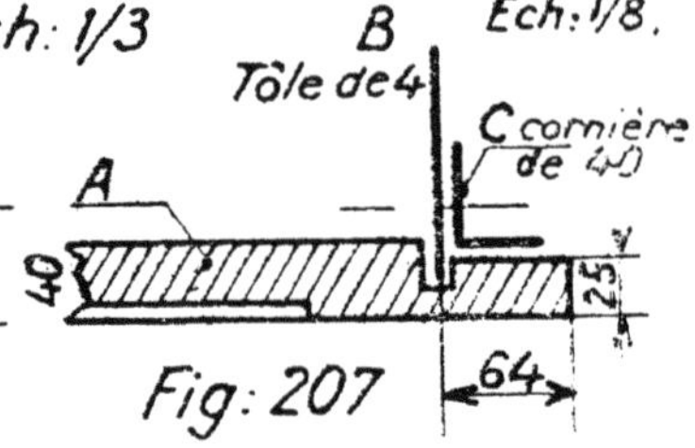

Fig: 207

Cornière rivée

Ech: 1/5

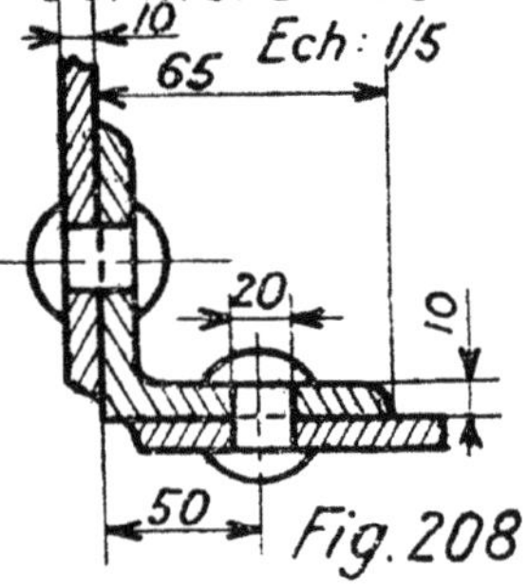

Fig. 208

Rivure double abreuvée

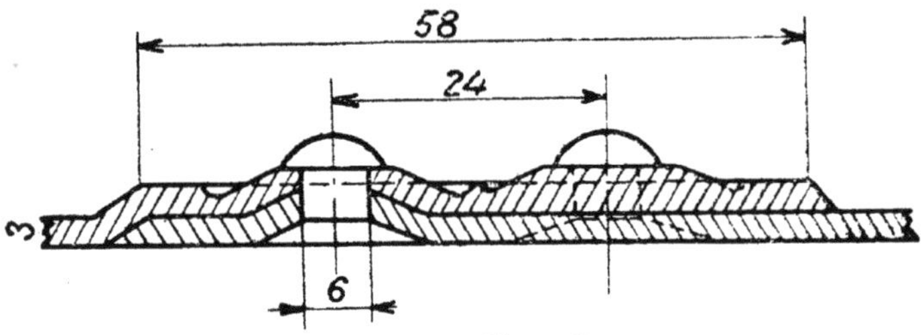

Fig. 209

Rivure abreuvée simple

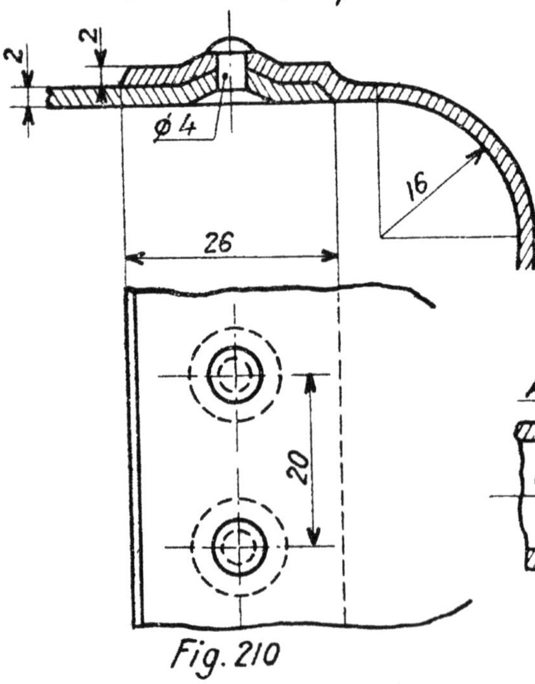

Fig. 210

Entretoise filetée

Fig. 211

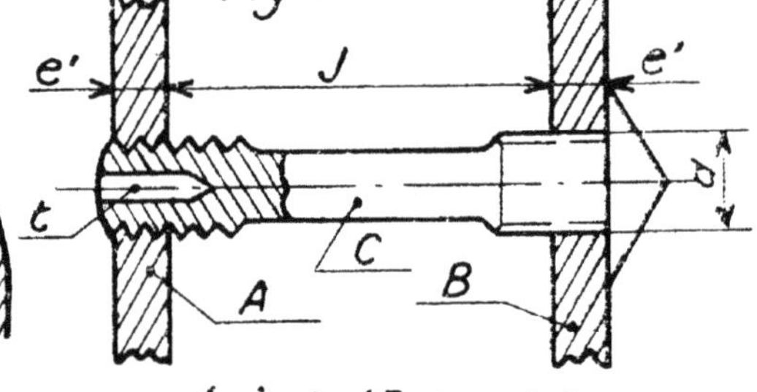

Joint (Ech. 1/5)

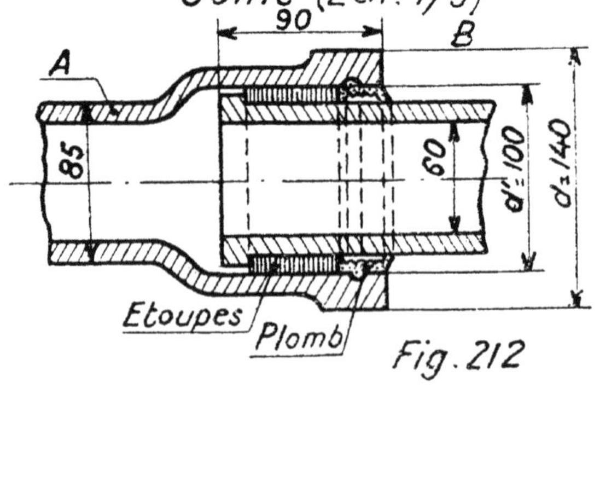

Fig. 212

PLANCHE 26

ASSEMBLAGES, RIVURES ET JOINTS

143. **Assemblage par goujons.** — La figure 205 représente le mode de fixation d'un couvercle A en tôle sur un fond B de réservoir au moyen de goujons C à tête rivée.

144. **Assemblages par cornières.** — Dans l'assemblage d'équerre représenté par la figure 206, la plaque en fonte A est assemblée avec la tôle B, par l'intermédiaire d'une cornière C fixée à la tôle par des rivets (axe $x\ y$) et à la plaque par des boulons à tête fraisée D.

La figure 207 représente une plaque en fonte A dont une rainure reçoit un panneau en tôle B auquel est rivée une cornière C qui complète le joint. Remarquer que, dans ce dessin, les épaisseurs de la tôle B et de la cornière C ont été figurées par un trait fort. Dans la figure 208, au contraire, l'échelle étant plus grande, ces épaisseurs ont pu être hachurées.

145. **Rivures abreuvées.** — Pour river des pièces de cuivre dont l'épaisseur ne dépasse pas 6 mm, la tête des rivets doit être abreuvée, c'est-à-dire qu'elle doit entrer dans l'épaisseur du cuivre de façon à affleurer sa surface (fig. 209 et 210).

La figure 210 représente une rivure simple abreuvée et la figure 209, une rivure double également abreuvée.

Remarquer dans cette dernière la différence, déjà constatée précédemment, entre la représentation des deux rivets, la coupe ayant été faite suivant l'axe de celui de gauche.

146. **Entretoise filetée.** — Dans les chaudières de locomotives, les parois parallèles A et B sont reliées entre elles au moyen d'entretoises C filetées aux deux extrémités (fig. 211). L'extrémité gauche de l'entretoise a été coupée afin de montrer le trou borgne.

(Une broche calibrée étant introduite dans ce trou, deux coups de marteau frappés sur cette broche pressent les filets de vis sur la tôle et assurent ainsi l'étanchéité.)

147. **Joint.** — Les tuyaux employés pour les canalisations et les conduites d'eau et de gaz sont assemblés bout à bout par emboîtement (fig. 212), par brides ou par raccords.

Dans le cas de la figure 212, l'extrémité du tuyau A est évasée pour recevoir l'extrémité de B. De la corde goudronnée ou des étoupes assurent l'étanchéité ; du plomb fondu et maté maintient cette garniture en place.

148. Exercices proposés. — 1. Croquis coté du goujon représenté par la figure 205.

2. Dessiner, au crayon et en grandeur d'exécution, l'assemblage par cornière que représente la figure 205.

3. Même exercice pour le joint fig. 212.

4. Croquis coté, d'après nature, de rivures abreuvées.

Planche 27.

CHAPEAU DE PRESSE ETOUPES

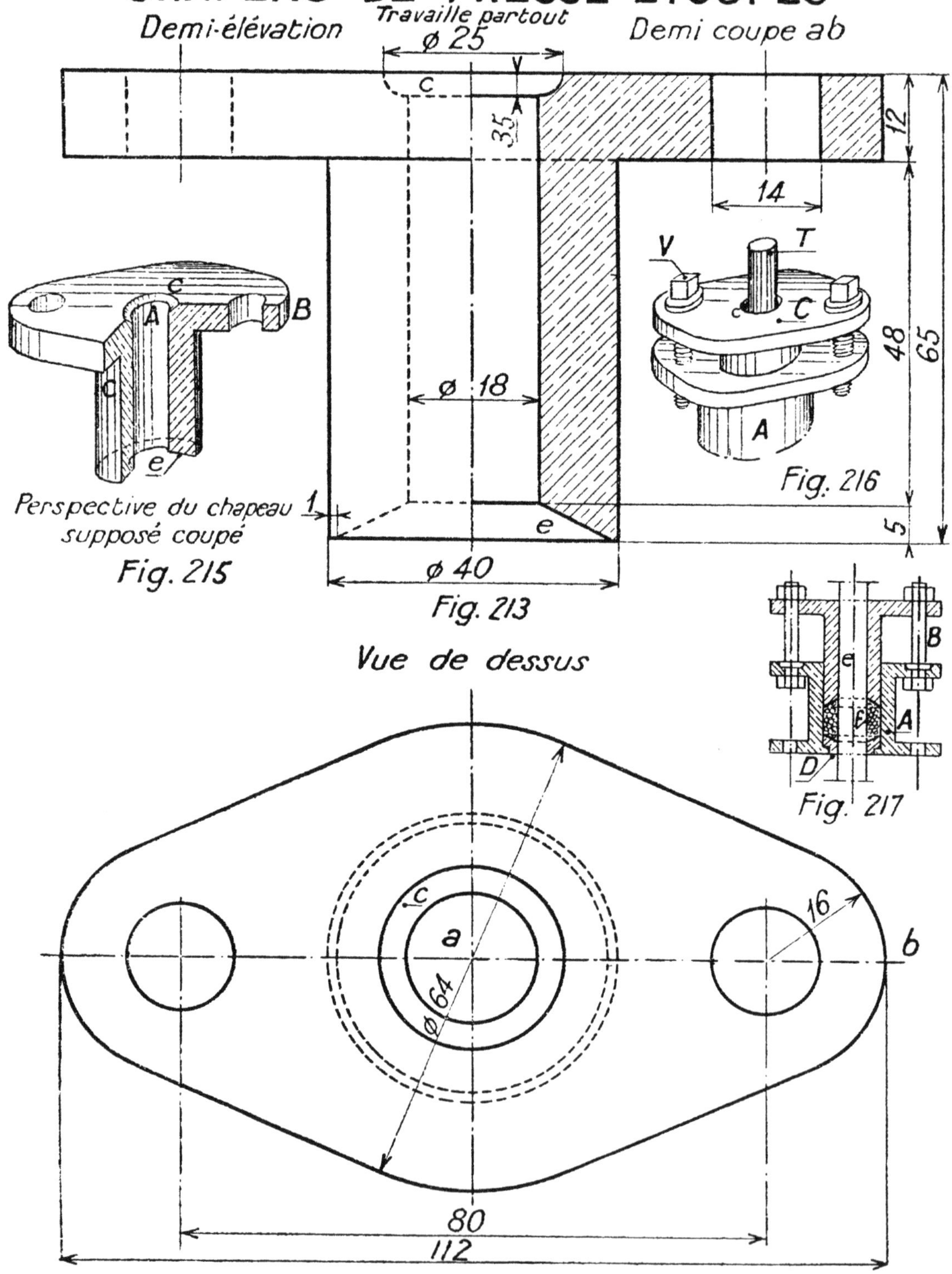

Fig. 214

Grandeur d'exécution

PLANCHE 27

CHAPEAU DE PRESSE-ETOUPES DE POMPE A EAU

149. Définition. — Le *presse-étoupes* (fig. 216 et 217) est un organe qui sert à guider, sans le gêner, le mouvement rectiligne de la tige T d'un piston.

150. Description et fonctionnement. — Un presse-étoupes comprend :

1° une *boîte* A venue de fonte avec le fond du cylindre ou fixée à ce dernier par des boulons ou des vis V (fig. 216 et 217) ;

2° au fond de cette boîte, une *douille* ou *grain* D en bronze (ce grain n'existe pas dans les pompes à eau) ;

3° le *chapeau* C ou *presse-étoupes* proprement dit, portant une bride munie de trous pour les boulons B ou les vis de serrage V ;

4° dans l'espace *f*, compris entre le grain et le chapeau, la *garniture* ; le chapeau presse cette garniture quand on serre soit les *boulons*, soit les *vis*.

La garniture est formée : d'*étoupes* graisseuses, pour l'eau et la vapeur à basse température ; de *cuir*, pour l'eau et l'huile ; de *tresses d'amiante* ou de *bagues métalliques*, pour la vapeur à haute température.

Une cuvette *c*, pratiquée à la partie supérieure du chapeau (fig. 213 à 216), est destinée à recevoir l'huile qui doit lubrifier les surfaces frottantes.

Une seconde cuvette *e*, à la partie inférieure (fig. 215), permet de mieux pousser la garniture vers la tige afin de mieux assurer l'étanchéité du joint de la tige et du grain (fig. 217).

151. Croquis coté et mise au net. — Il est facile de voir que les projections horizontale et verticale suffisent. Dans la seconde, une demi-coupe montre clairement les épaisseurs et la nature du métal (bronze, fig. 210).

PLANCHE 28

VALISE A OUTILS

152. La *valise à outils* donne lieu à un exercice particulièrement intéressant de croquis coté. La mise au net pourra en être faite à l'échelle $\frac{1}{2}$.

Soigner l'exécution des diverses coupes indiquées dans la figure 218.

PLANCHE 29

ARROSOIR

153. L'épure de la planche 29 est un exemple de dessin de ferblanterie. Elle devra être étudiée avec soin et reproduite à l'échelle $\frac{1}{1}$.

PLANCHE 30

ÉPI

154. *Epure-type* de zinguerie à étudier et à exécuter à l'échelle 1.

155. Exercices proposés. — 1. Croquis coté de la coupe-profil du chapeau avec demi rabattement de sa base supérieure et de sa base inférieure (cuvette *c*) et perspective cavalière de la boîte A qui reçoit le chapeau (fig. 217).

2. Croquis coté et dessin en vraie grandeur d'objets de ferblanterie et de zinguerie tels que entonnoirs, arrosoirs, récipients, socles, épis, cuvettes, etc. ; développement de leurs diverses parties.

Planche 28. — VALISE A OUTILS *(Tôle galvanisée).*

(Ech. 1/4)

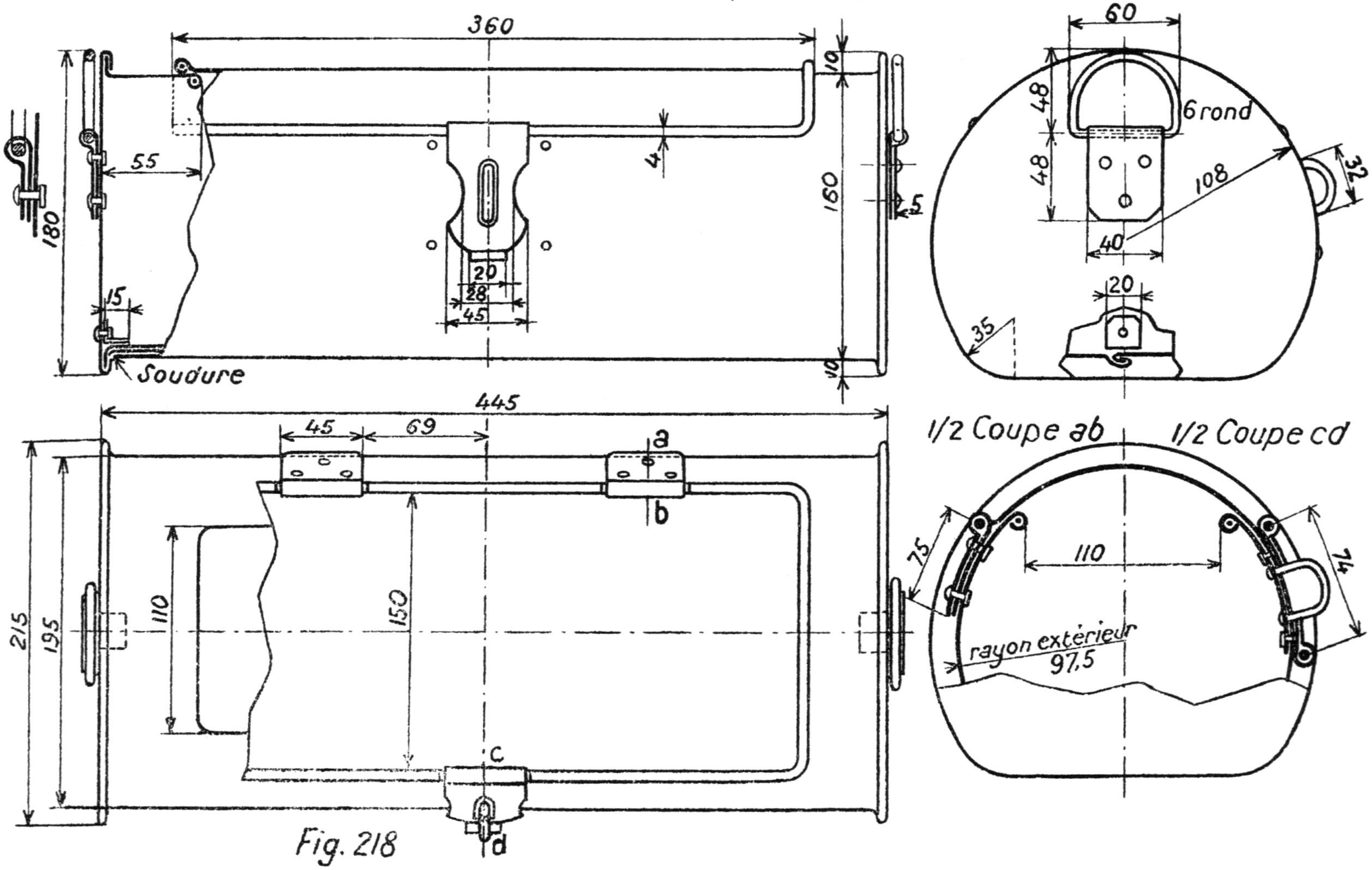

Fig. 218

Planche 29. — ARROSOIR (*Fer blanc*)

(*Ech. 0,3*)

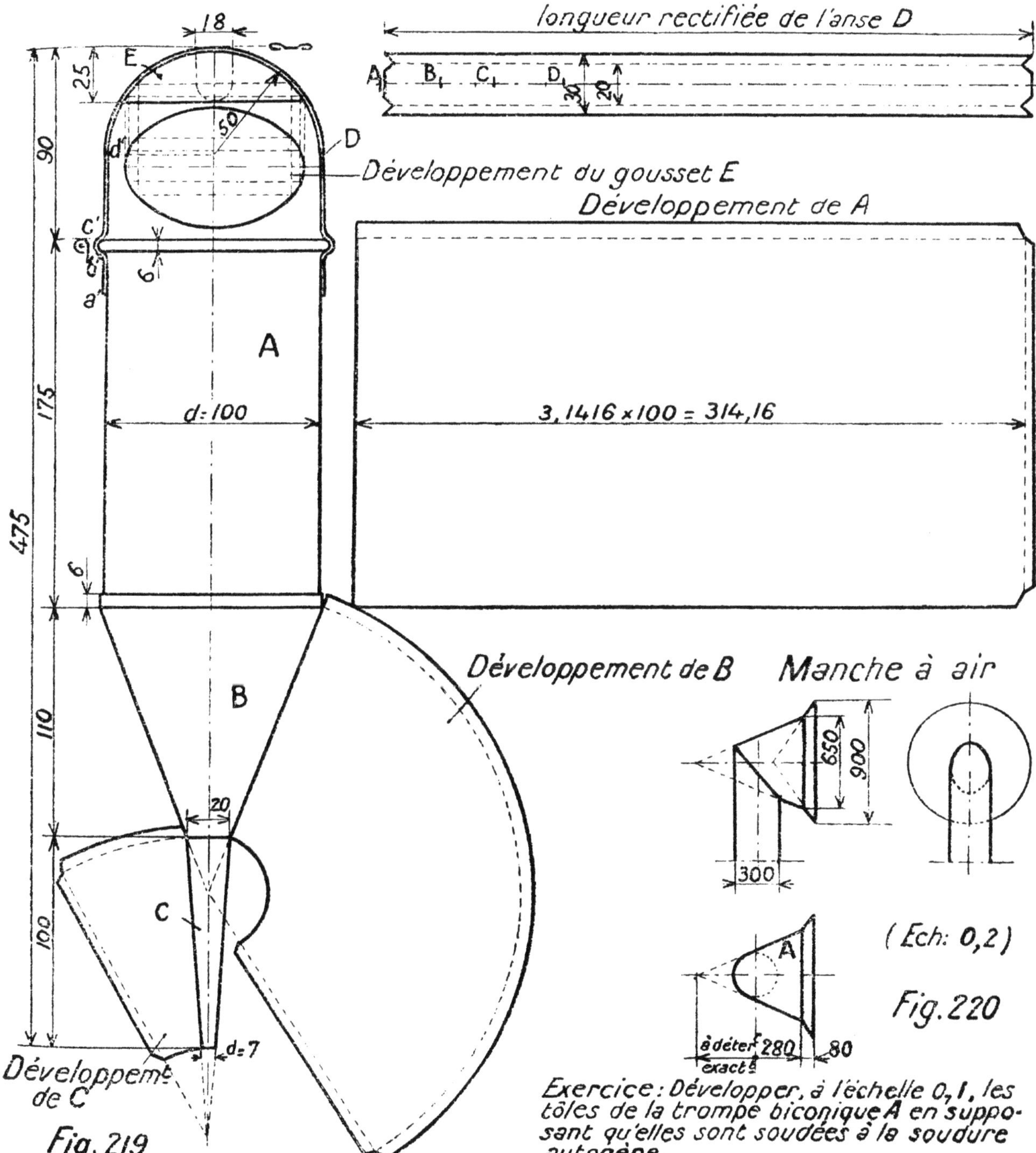

Fig. 219

Manche à air

(Ech: 0,2)

Fig. 220

Exercice : Développer, à l'échelle 0,1, les tôles de la trompe biconique A en supposant qu'elles sont soudées à la soudure autogène.

Planche 30.

EPI *(Echelle 0.3)*

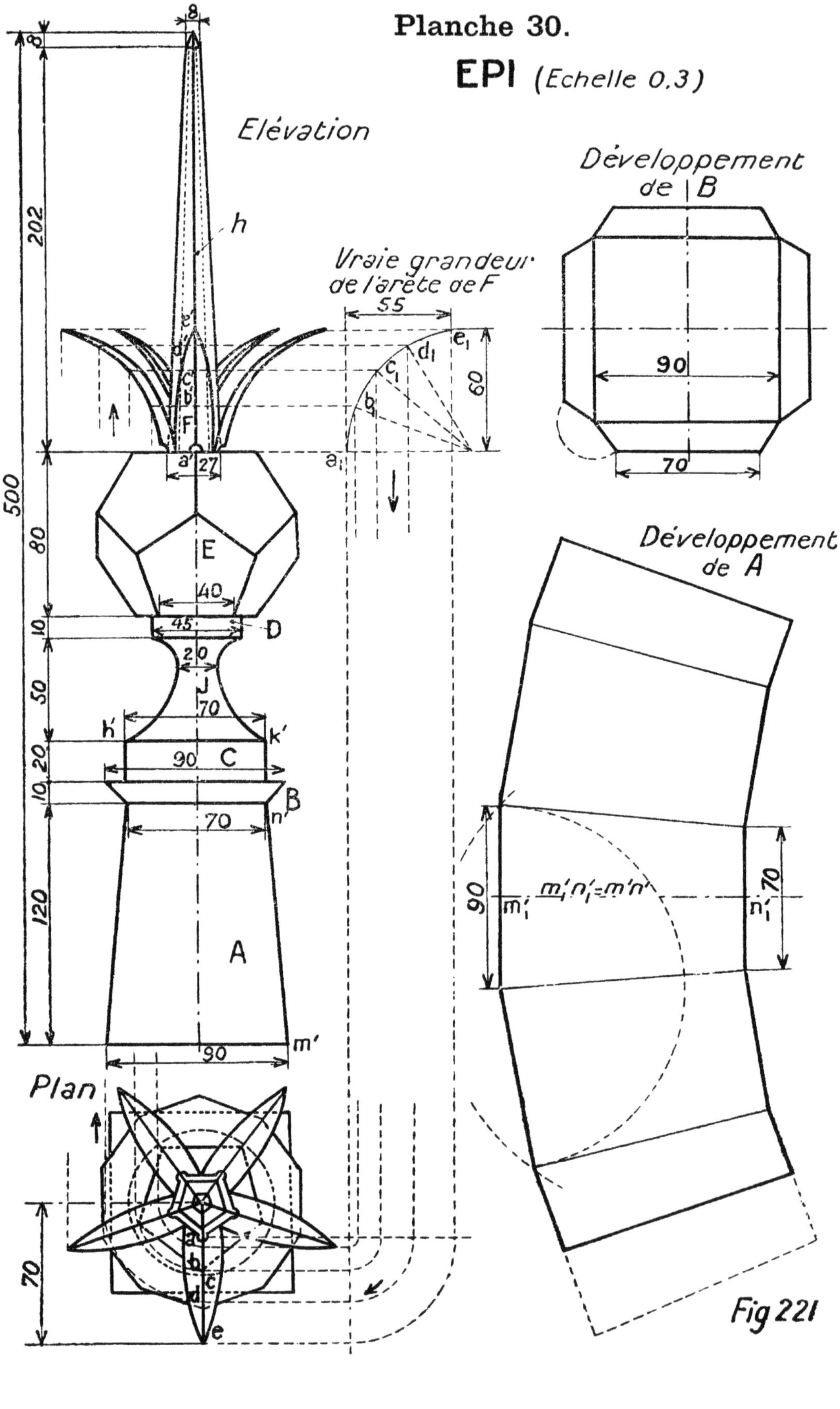

Fig 221

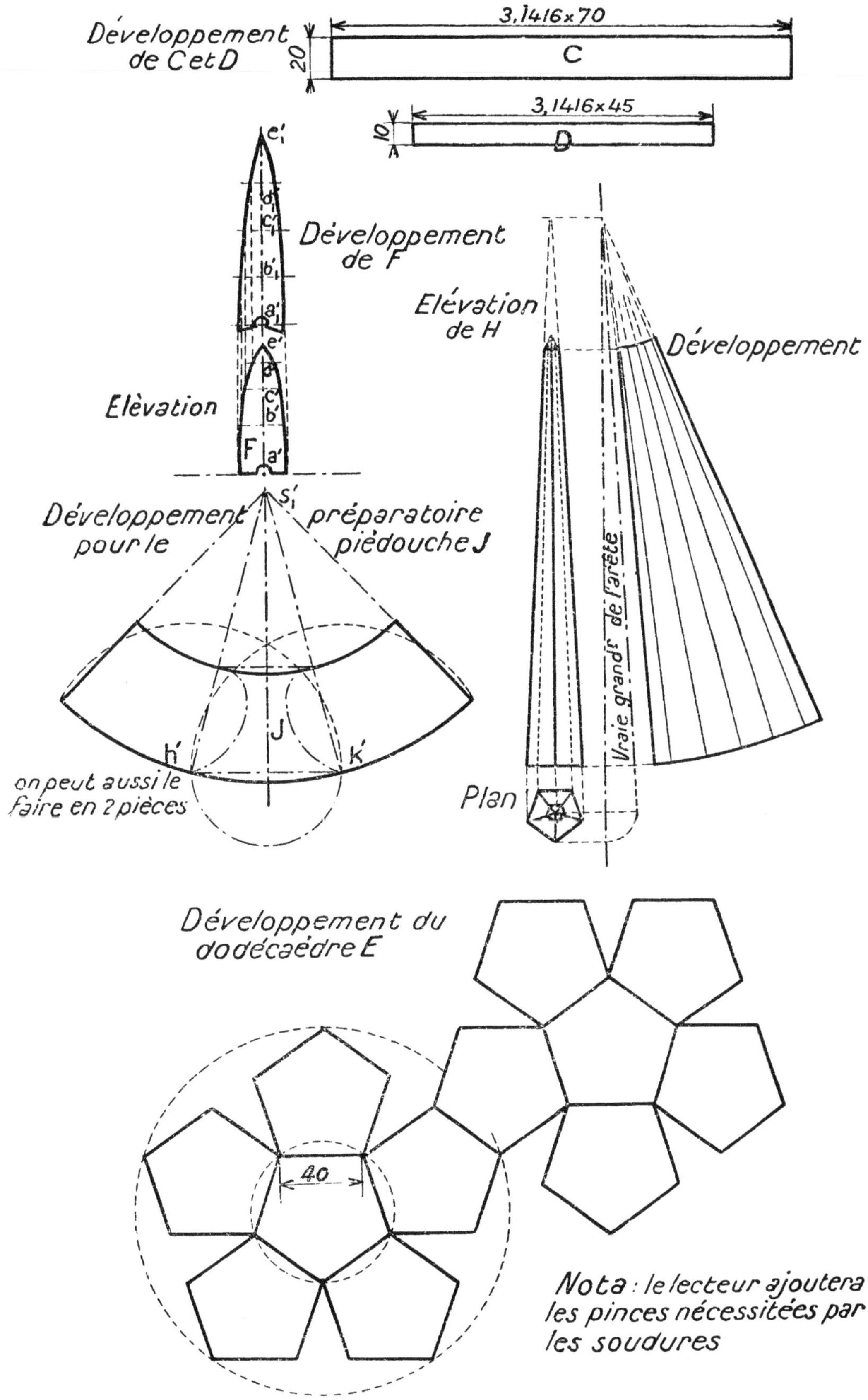
Développement de C et D
3,1416×70
20
C
3,1416×45
10
D
Développement de F
Elévation de H
Développement
Elèvation
F
Développement pour le
préparatoire piédouche J
J
h'
k'
on peut aussi le faire en 2 pièces
Vraie grandr de l'arête
Plan
Développement du dodécaèdre E
40
Nota : le lecteur ajoutera les pinces nécessitées par les soudures

Planche 31. — SALLE DE DESSIN (Ech. 0,01)

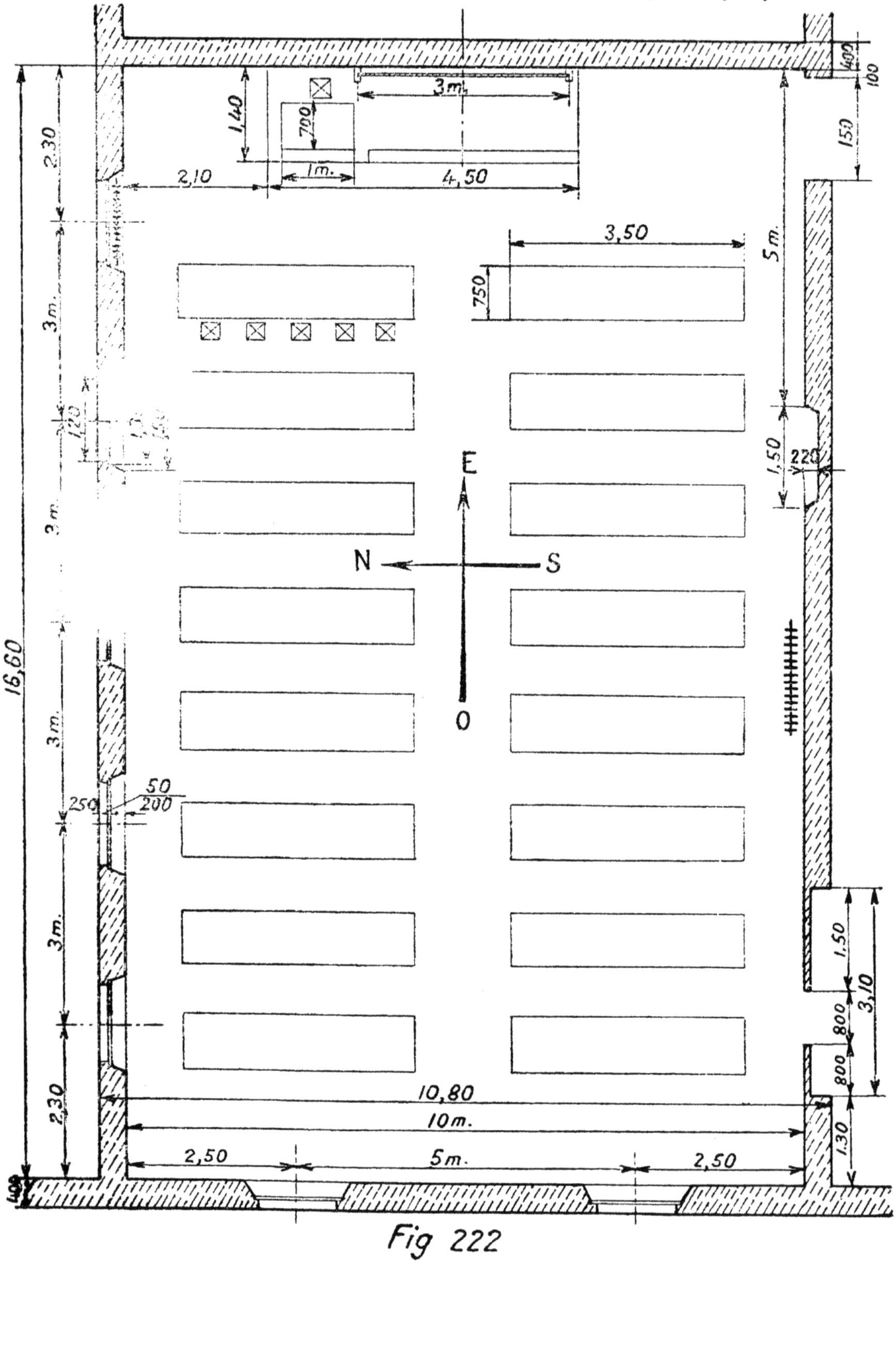

Fig 222

PLANCHES 31 et 32

PLAN D'UN BATIMENT

***156.* Conventions.** — 1° Le *plan* d'un bâtiment est une coupe horizontale faite à quelques centimètres au-dessus de la *tablette* (ou *appui*) des fenêtres.

Les parties pleines des murs, ou *trumeaux*, sont couvertes de hachures ; les *baies* (portes et fenêtres), au contraire, ne sont pas hachurées.

Pour les portes, on interrompt les lignes pleines des murs, dans le cas où la baie monte jusqu'au plafond ; on les continue par des pointillés, dans le cas contraire.

Pour les fenêtres, qui ont des *allèges* (fig. 222), le trait intérieur doit être pointillé ; il n'en est pas de même lorsque le mur conserve son épaisseur sous l'appui.

2° Les objets sont représentés schématiquement : une table, par un rectangle (fig. 222) ; un poêle, par un cercle ; un radiateur, par une droite coupée par des traits parallèles, etc.

Suivant leur emplacement, les cheminées se représentent par l'un des procédés ci-dessous (fig. 223, 224 et 225).

Fig. 223

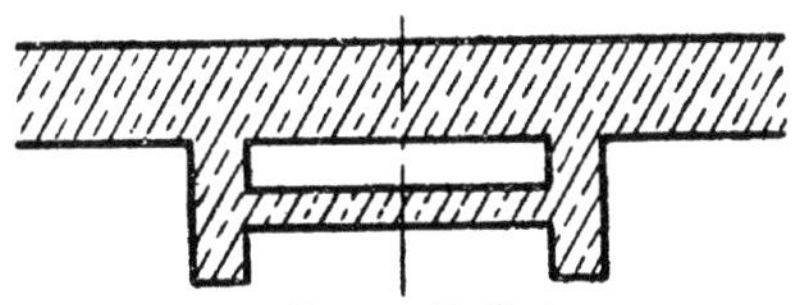

Fig. 224

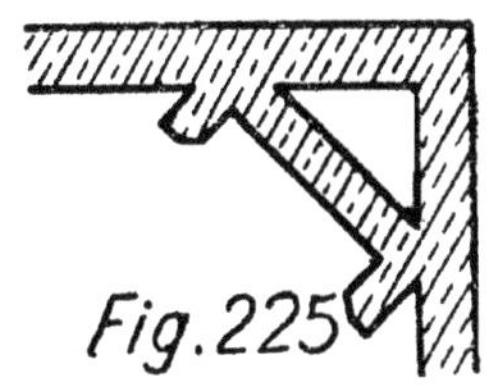

Fig. 225

***157.* Exécution d'un plan.** — 1° *Croquis coté.* — Pour dresser le croquis d'un plan, tracer d'abord, approximativement, le contour du bâtiment, avec l'épaisseur des murs. Puis, figurer les baies et les objets. Enfin, placer les cotes comme l'indique la planche 31. *Les apprentis feront le croquis de la salle des cours ou de leur atelier.*

2° *Mise au net.* — Le tracé des échelles $\frac{1}{10}$, $\frac{1}{15}$ ou $\frac{1}{20}$ se fait par les procédés ordinaires. Les architectes remplacent les hachures par une teinte rose.

***158.* Lecture d'un plan.** — Les apprentis s'exerceront à lire des plans de plus en plus compliqués relatifs à l'installation de conduites d'eau ou de gaz, ou encore de chauffage central. La planche 32 (Installation de W. C.) est un exemple de ces exercices de lecture.

PLANCHE 33

EXERCICES DE RÉVISION

Développer les diverses parties qui constituent les ouvrages représentés par les figures 227 à 230. (Choisir pour chacun de ces dessins la plus grande échelle possible.)

Planche 32.

INSTALLATION DE W.C (Ech. 1/60)

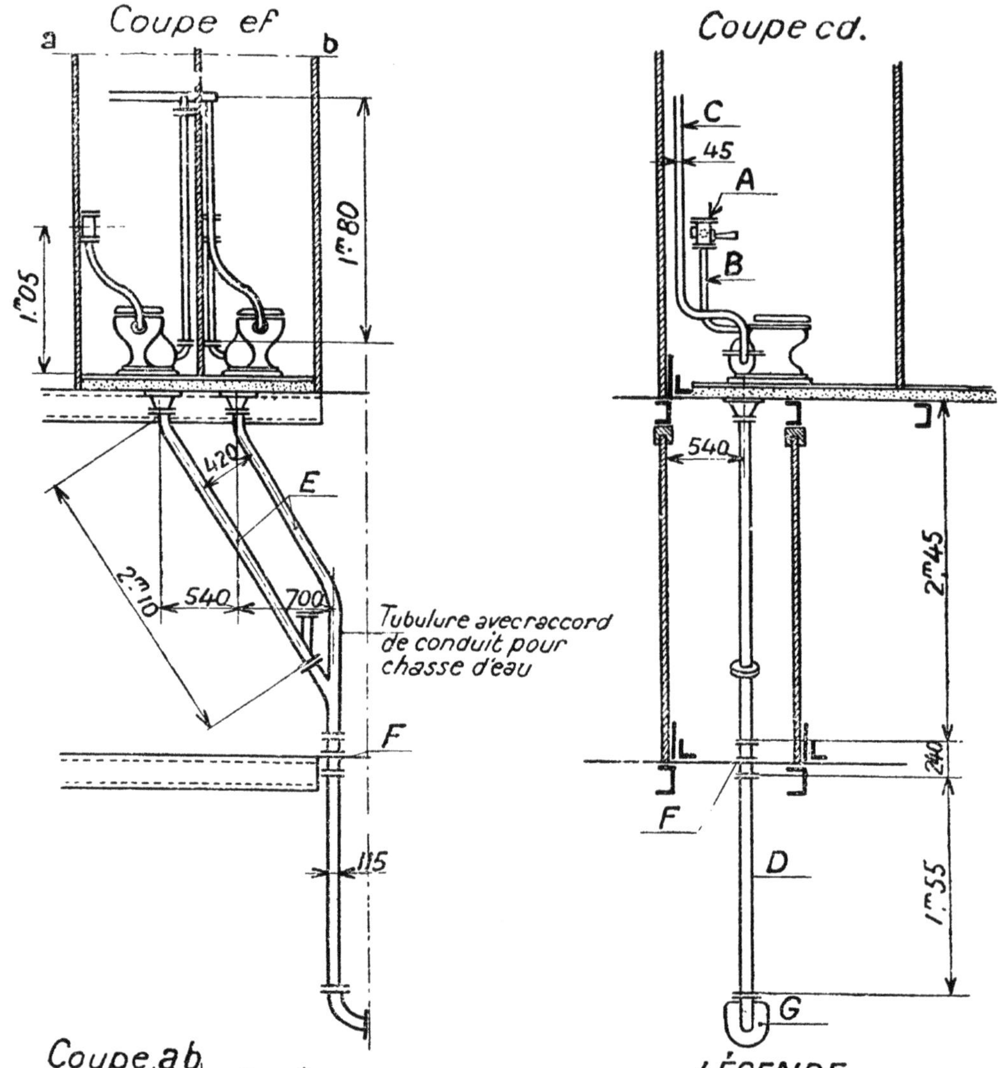

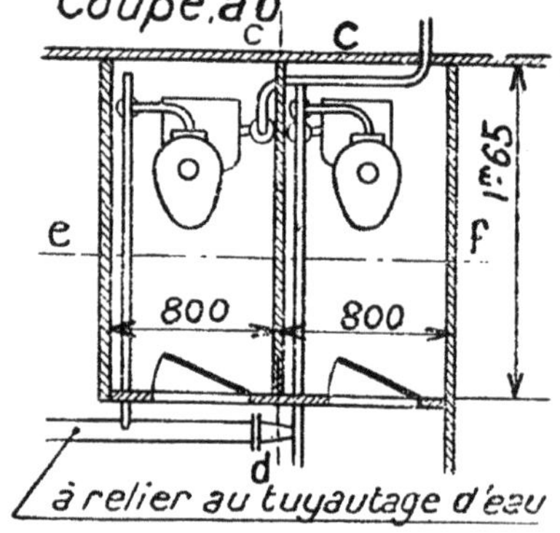

Fig. 226

LÉGENDE

A	2	Flushomètres	Commandé
B	2	Arrivées d'eau aux closets	
C	2	Dégagement d'air des closets	Acier
D	1	Conduit d'évacuation	Plomb
E	2	Conduits d'évacuation.	Cuivre
F	1	Traversée de plancher	Fonte
G	1	Boîte à clapet	Bronze

Nota : Les pièces d'assemblage font l'objet de plans spéciaux.

Exercices proposés. 1° Représenter séparément, en croquis coté, à main levée, les deux parties E des conduits d'évacuation et le conduit B
2° Dessiner l'ensemble des conduits E, à l'échelle 0,10.

Planche 33. — EXERCICES DE RÉVISION PROPOSÉS

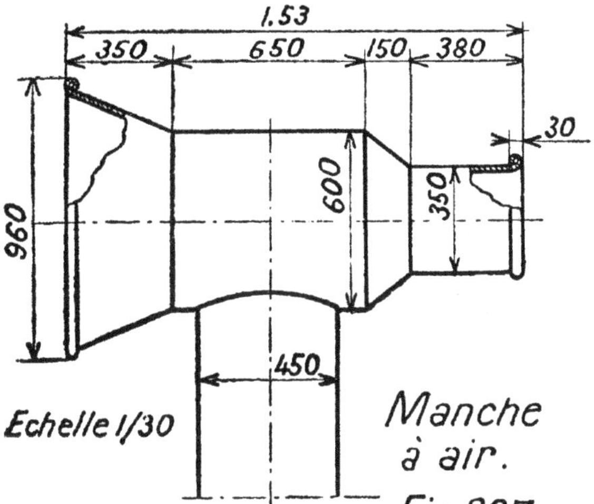

Echelle 1/30

Manche à air.
Fig. 227

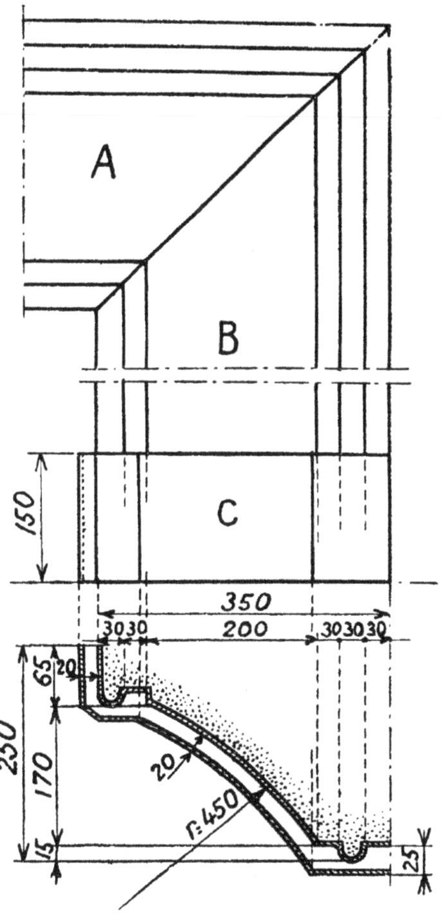

Cheminée
Fig. 228.

Pavillon

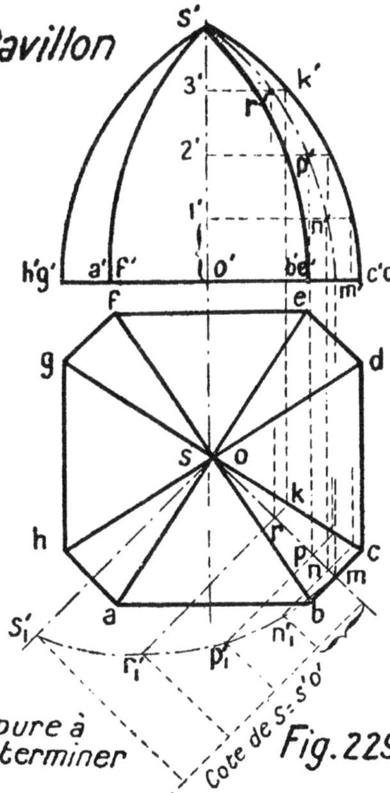

Epure à terminer

Fig. 229

Culotte

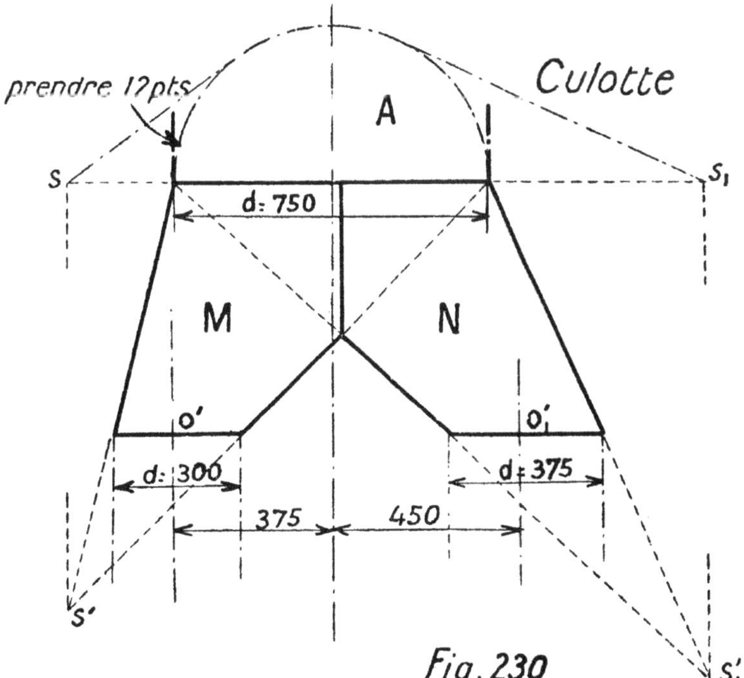

Fig. 230

Planche 34. — SEAU

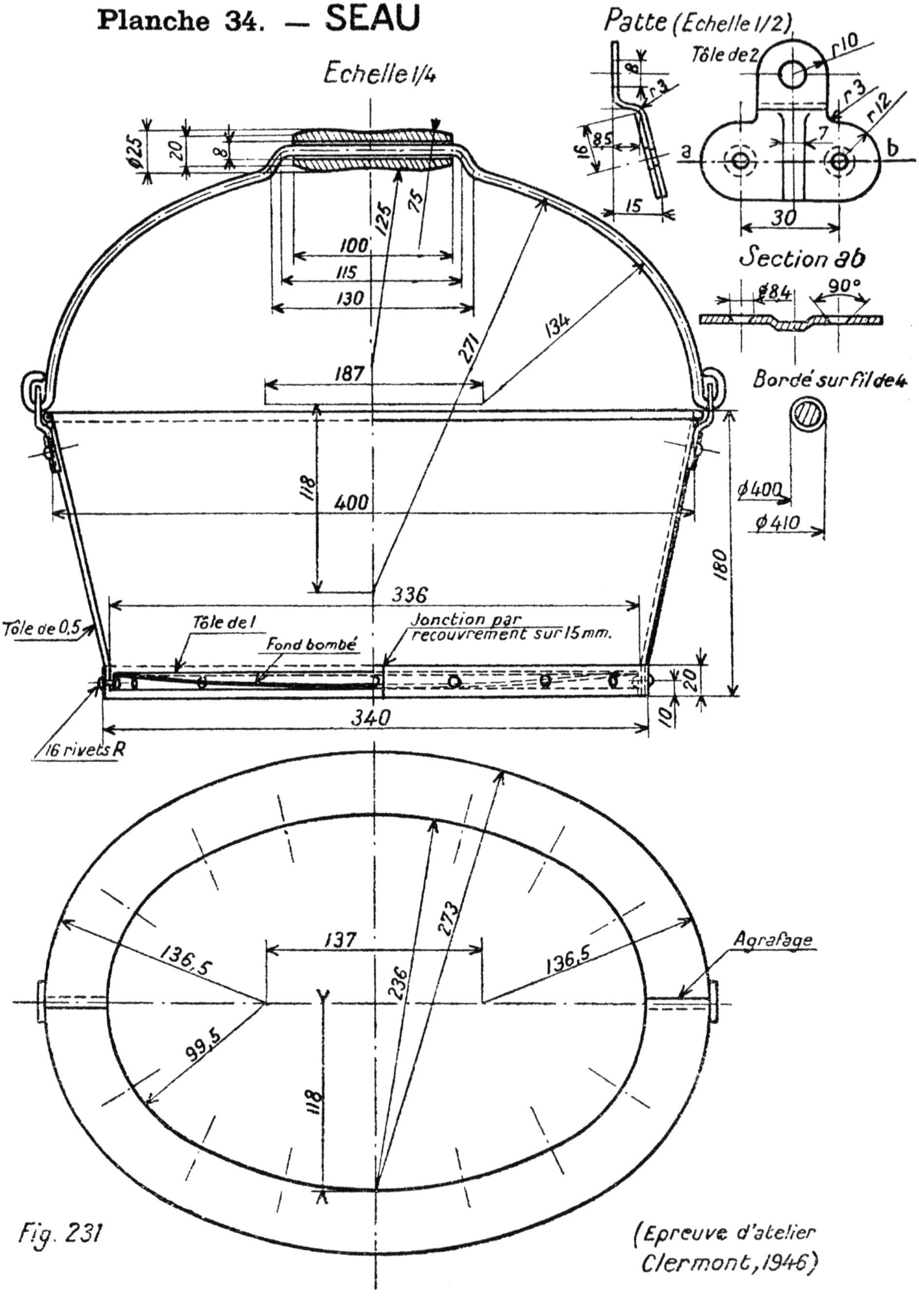

Fig. 231

(Epreuve d'atelier Clermont, 1946)

Planche 35.

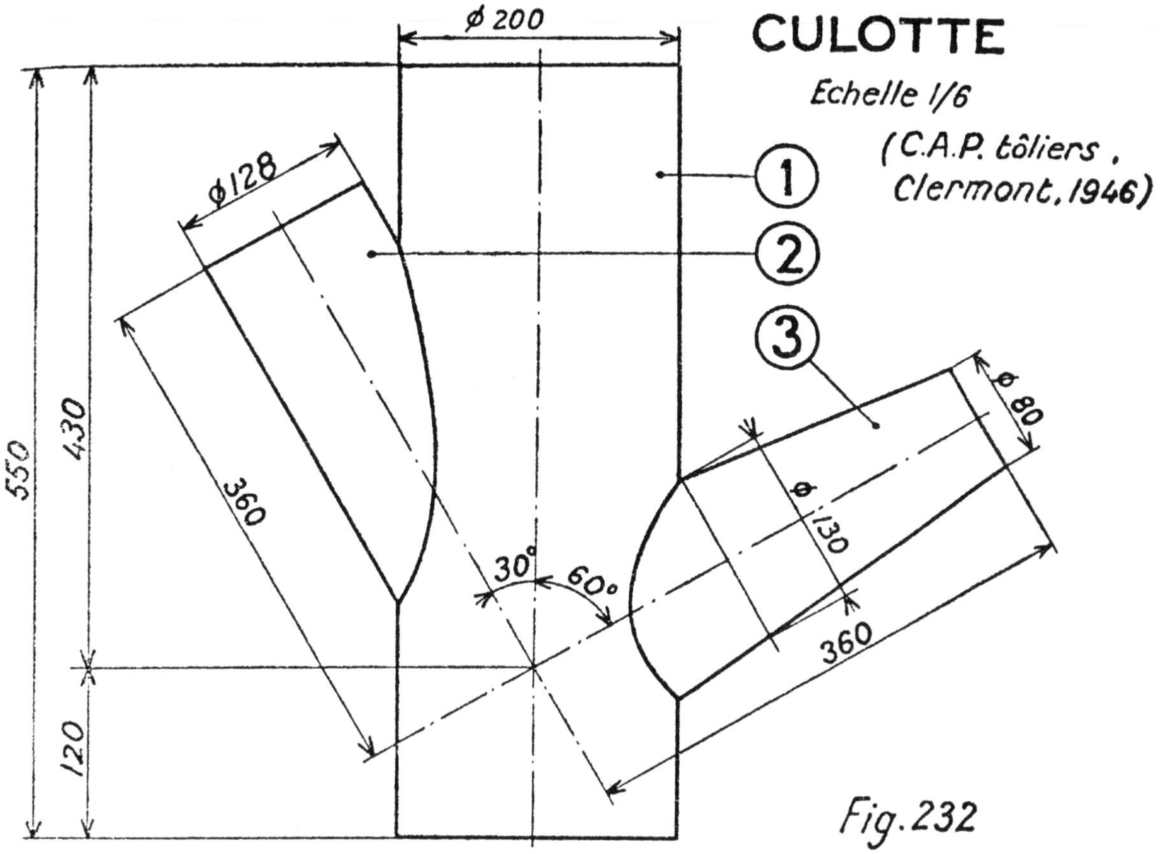

Fig. 232

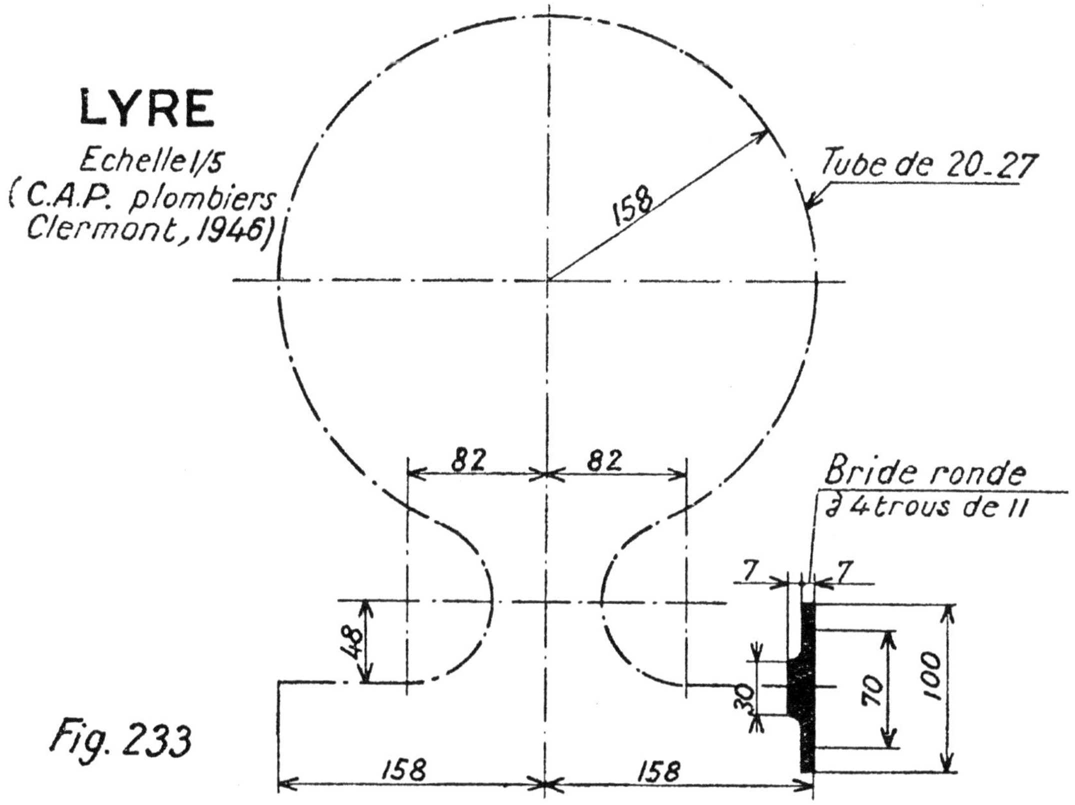

Fig. 233

HOTTE DE FORGE

(Seine-et-Oise)

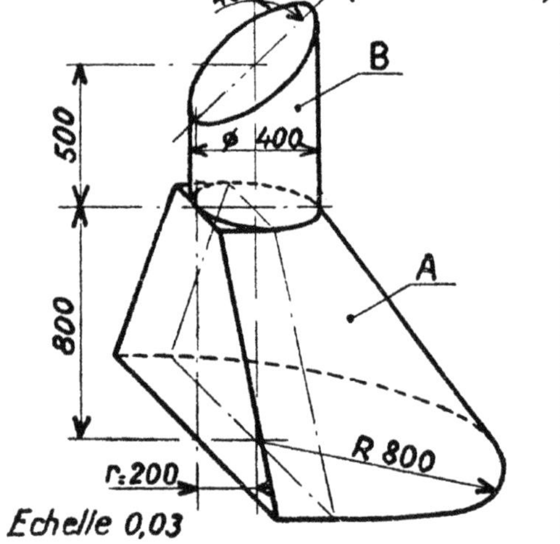

Fig. 234

BROC

Echelle 0,15 (Vierzon 1945)

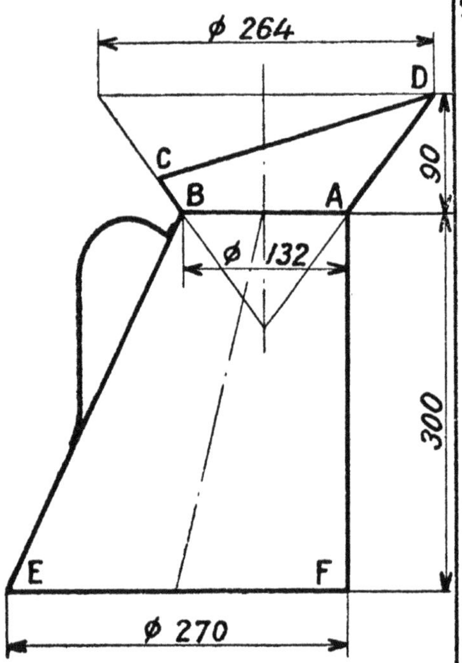

Fig. 235

BUSE D'ASPIRATION

(Vierzon. 1946)

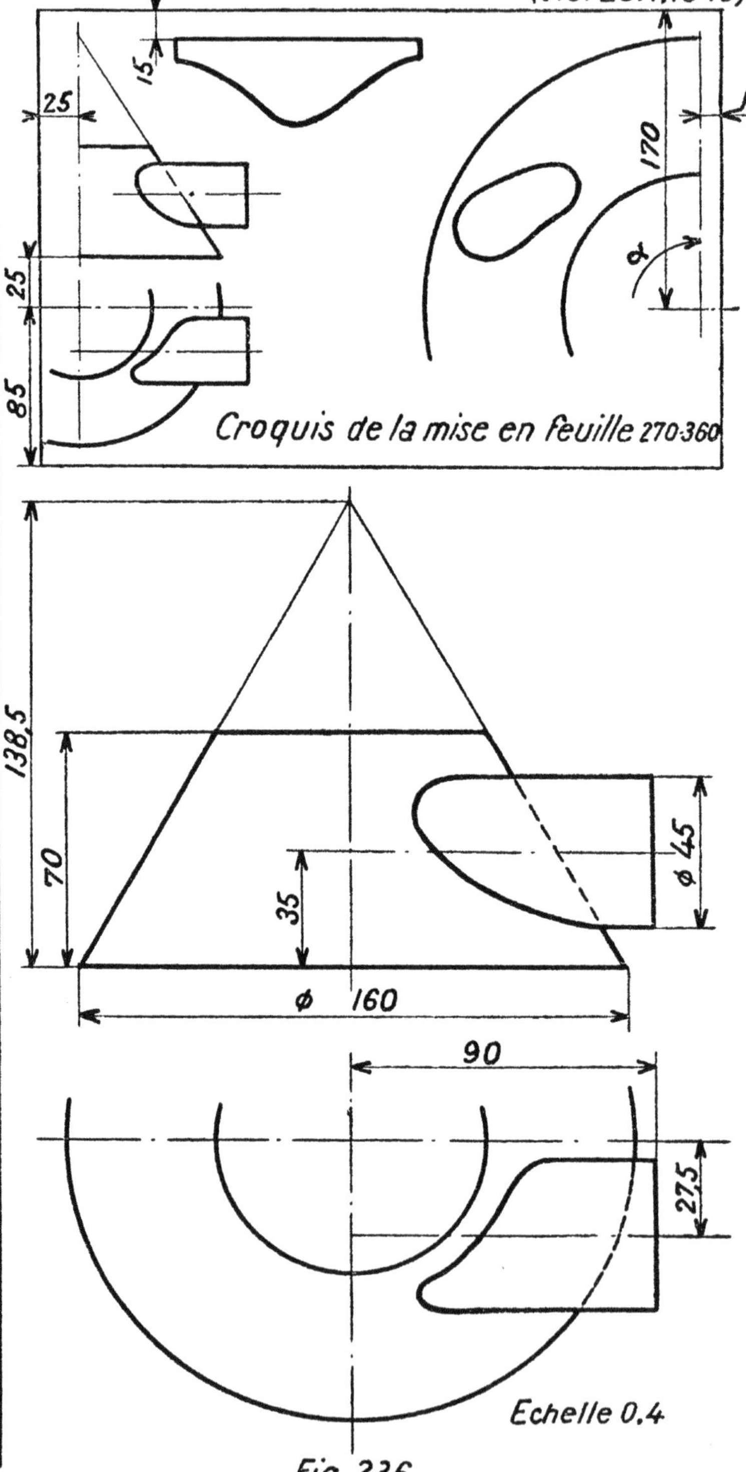

Fig. 236

ÉPREUVES DE DESSIN AU C. A. P.

PLANCHE 35

I. — **Culotte à deux branches obliques** (fig. 232). — Développer au crayon, échelle 1/2, les pièces 2 et 3. (On laissera figurer sur le dessin les tracés effectués.)

Temps alloué : 3 heures.

II. — **Lyre de dilatation** (fig. 233). — Exécuter, à l'échelle 3/4, l'élévation de la *lyre* montée. Faire un rabattement de la bride. Coter.

Temps accordé : 3 heures.

PLANCHE 36

I. — **Hotte de forge** (fig. 234). — 1° Dessin au crayon, à l'échelle 1/10, en élévation et en vue de dessus.

2° Développement de la cheminée A et du tronc de cône B.

Temps accordé : 2 heures.

II. — **Broc** (fig. 235). — 1° Dessin de l'élévation à l'échelle 1/3.

2° Développement de la moitié du goulot A B C D ; soudure suivant B C.

3° Développement de la moitié du corps A B E F, soudure suivant A F.

Durée : 4 heures.

III. — **Buse d'aspiration** (fig 236). — Dessiner à l'échelle 1, en adoptant la disposition donnée par le croquis :

1° L'élévation et la vue de dessus de la buse d'aspiration ;

2° L'intersection du cylindre et du cône ;

3° Le développement de la tubulure d'aspiration ;

4° Le développement de la portion du corps conique montrant la pénétration du cylindre.

(Pour ces deux derniers tracés, donner les cotes importantes : encombrement, rayons et angle caractéristiques.)

Epreuve du C. A. P. (Clermont, 1946) (3 h.)

Présenter une installation de plomberie de gaz (faite dans une cuisine) pour alimentation d'un compteur à gaz, d'une cuisinière et d'un chauffe-eau placé au-dessus d'un évier à proximité immédiate.

Indiquer les diamètres des canalisations.

TABLE DES MATIÈRES

www.ingramcontent.com/pod-product-compliance
Ingram Content Group UK Ltd.
Pitfield, Milton Keynes, MK11 3LW, UK
UKHW051112290826
14628UKWH00017B/3663